ちくま新書

日々是修行

——現代人のための仏教一〇〇話

佐々木 閑
Sasaki Shizuka

783

日々是修行

――現代人のための仏教一〇〇話【目次】

はじめに　009
第一話　最強の知恵者とともに　015
第二話　仏教の目指す生き方　017
第三話　修行を支えるものは何か　019
第四話　智慧を生み出す母胎　021
第五話　瞑想と自転車は似ている　022
第六話　正しい瞑想の〝道具〟　024
第七話　日々努力を重ねる覚悟　026
第八話　深夜の森で死体と二人　028
第九話　修行にはすぐれた師が必要　030
第一〇話　世俗に媚びず振り回されず　032
第一一話　日常のなかの修行生活　033
第一二話　自由な空気に芽ぐむ仏教世界　035
第一三話　伝統のくびきから放たれて　037
第一四話　数学も一種の瞑想修行　039
第一五話　生き仏にハンバーガー　041
第一六話　何を食べてもかまわない　043
第一七話　殺生なしに生きられない　045
第一八話　精進料理を噛みしめて　047
第一九話　ついでに超能力でも　049
第二〇話　道を信じて生き方を変える　051
第二一話　自分に都合がいいことこそ落し穴　053
第二二話　寺はいつでも開放空間　055
第二三話　寺は人びとの思いの集積　057
第二四話　輪廻というあいまいな連続　059

第二五話　輪廻の世界観を削ぎ落した先に　061
第二六話　日々の歩みの手引きとして　063
第二七話　本道を歩き、ちょっと遊ぶ　065
第二八話　道草としての迷信　066
第二九話　自分で自分を変えてゆく　068
第三〇話　精神の内なる神秘　070
第三一話　相補する科学と仏教　072
第三二話　科学と仏教の接点　074
第三三話　求道の志で世界へ出よ　075
第三四話　仏教僧団は年功序列　077
第三五話　お寺の中の教育システム　079
第三六話　僧団は法治社会　081
第三七話　断片を積み上げたとき初めて　083
第三八話　合理性と情愛で支えあう　084
第三九話　死に際で判断するな　086
第四〇話　自殺は悪ではない　088
第四一話　決して殺さない　090
第四二話　世間の片隅で、ただそっと　092
第四三話　仏教の盛衰は僧侶の品格次第　094
第四四話　「絶対に正しい」という危険　095
第四五話　ある物理学者との邂逅　097
第四六話　まだ見ぬ果報に思いを馳せ　099
第四七話　底知れぬ多様性から仏教は生まれた　101
第四八話　僧侶の道を選ぶ覚悟　103
第四九話　悟りに試験はない　105
第五〇話　人の旅路を後押しするご縁　106

第五一話　不幸の種を摘み取る智慧　109
第五二話　結論より思考の道筋が大事　111
第五三話　アショーカ王の大恩　113
第五四話　「生かされている」という諸刃の剣　115
第五五話　小乗か大乗か　117
第五六話　お経の違いが宗派の違い　118
第五七話　道は自分の内にある　120
第五八話　宗教の本性を見極める　122
第五九話　布教の理由　124
第六〇話　緻密で合理的な「律」　126
第六一話　「律」を守ることの誇り　128
第六二話　連綿と受け継がれてきた「律」　130
第六三話　「律」の魅力をもう少し　132
第六四話　僧という修行システム　134
第六五話　僧侶の装いは生き方の表明　136
第六六話　消滅した女性僧団　138
第六七話　精いっぱいの死に方　140
第六八話　男女平等の修行世界　142
第六九話　比丘尼が支える　144
第七〇話　タイの洞窟に坐る　146
第七一話　最高の平安　148
第七二話　仏教芸術を生み出す土壌　150
第七三話　精神集中が智慧の源　152
第七四話　仏教は慈悲の器　154
第七五話　仏教と融和する脳科学　156
第七六話　脳が見せる世界のあやうさ　158

第七七話　不合理な生存欲求こそが苦の原因　160
第七八話　膨大な知の体系アビダルマ　162
第七九話　認識は刹那の連なり　164
第八〇話　すべては生まれ消えてゆく　166
第八一話　仏教が持つ伝達の力　168
第八二話　すべての生き物は同類　170
第八三話　世間的価値観を捨てる　172
第八四話　劣等感を心の友に　174
第八五話　時代の枠の中に潜む差別　176
第八六話　一度きりの言葉が伝える教え　178
第八七話　言葉を磨くことも修行　180
第八八話　根源的な煩悩を見極める　182
第八九話　慈しみの心が人を育てる　183
第九〇話　老いることの豊かさ　185
第九一話　因果に惑わされない　187
第九二話　生き甲斐をなくした人に寄り添う　189
第九三話　お坊さんの価値　191
第九四話　仏教の「信」は信頼の「信」　193
第九五話　釈迦の遺言　194
第九六話　学校で教えない必須課目　196
第九七話　学問に吹き込まれる生気　198
第九八話　仏教を語るということ　200
第九九話　心の法則性を知り、心を改良する　202
第一〇〇話　釈迦の教えに魅せられて　205
あとがき　209

はじめに

仏教というのは、つかみどころのない、雲のような宗教である。「仏教」という名の宗教が現在も多くの国々にひろがっていて、そこでは多くの僧侶がなんらかの活動を行っており、そしてそれを拝む膨大な数の信者がいる、それは間違いのない事実である。だから、仏教という宗教は、この世の中に、確かに存在する。それなのに、「仏教とはなにか」という問いには答えられない。目の前にあるのに、言えないのである。「仏教とは無我の思想である」とか「空の教えだ」とか「仏との一体化を目指す道なのだ」とか、いろいろ言うが、いくら言っても、必ず反対例がでてくる。「無我を説かない仏教」もあるし、「空でない教え」「仏との一体化など目指さない道」もある。それらもみんな、仏教である。一体、仏教を信じるとは、なにをどうすることなのか。どうしても核心が見えてこない。

そのことは、日本の仏教界だけを見ても、分かるだろう。いろいろな宗派があって、言うことがみんな違う。救いの道も、修行の形も、唱えるお経も、儀式のやり方もばらばらだ。日本一国でさえこれだから、世界的な規模で見れば、仏教の多様性はさらに高くなる。仏教は、「異様に混乱した宗教」なのである。

この「仏教の混乱状態」には、原因がある。長い歴史の中で、いくつかの事件がきっかけとなって、仏教は「多様性を認める宗教」に変化したのだ。もともとは、ひとつの決まった教えだけを守っていたものが、ある時のある出来事が原因となって、「みんなで仲良く修行生活を送ることが大事だ。考えが多少違っていても構わない。仲良く一緒に暮らせれば、それで仏教は安泰なのだ」というように、考え方が変わった。教えの中身より、「一緒に暮らす」という外見上の統一性の方が重視されるようになったのである。

その「ある時のある出来事」の研究が、仏教学者としての私の専門分野なのだが、それはあまりに複雑な話になるので、ここでは言わない。詳しい研究はすでに公表しているが、中身がややこしすぎる。ともかく、そういう特別な事情のせいで、仏教は「教えの多様性」を容認する宗教に変わった。新しい意見が出てきた時、「それもまた仏教だ」と言って受け入れていく、よく言えば寛容な、悪く言えばいい加減な宗教に変わったのである。

その結果、仏教という名のもとに、種々雑多、様々な教えが混在することとなった。「あれもこれも、なんでも仏教」ということになったのである。それらは、別の人たちが、別の時、別の場所で、別々に考えついた教えだから、どうやってもすり合わせることはできない。もともとが別個のものだから、無理にひとつにまとめようとすると、矛盾がでてきて始末におえなくなる。したがって、別個に起こってきた様々な教えは、一本化せずに、ばらばらで置いておくしかない。それが現在の「混乱した仏教」なのである。

そういう状態で存在している仏教を正しく理解したかったら、「全体を一つの思想に集約して理解しよう」などと考えてはならない。様々な教えの目立ったところをピックアップしてきて一つにつなぎ合わせ、「これが仏教の本質だ」と主張しても無意味である。そこに現れるのは、その、つなぎ合わせた人自身の勝手な解釈で縫い合わされた、「架空の仏教」という名のパッチワークにすぎないのである。

仏教とは、釈迦という出発点から伸びた一本の線が、途中で複雑な枝分かれを繰り返し、時には枝と枝が融合し、網の目のような系統樹を形作っている、その全体を指す名称である。仏教を理解するとは、その系統樹全体をくまなく理解することなのだ。それは大変なことだ。恐らく、そんなことができる人は、この世に誰もいない。雲をつかむよりも困難な仕事である。しかし、系統樹の細部にまで立ち入らなくても、大筋だけを見ていくという方法はある。そういう大まかな見方に立って、枝ごとの特性をとらえていけば、仏教というものの、まさに「大まかな」姿は浮かび上がってくる。

さてそこで、「仏教とはなにか」という問題に立ち戻る。その複雑な系統樹の全体が仏教なのだが、それでは説明のしようがない。言葉で語る方法がない。だから、仏教を「大まかな枝ごと」に分けて考えて、「仏教の中の、この枝は、こういう教えを説きます」「こちらの枝は、こういう考えです」といった具合に、個別に語るしか方法がない。「無我の教え」とか「空の思想」とか「阿弥陀の救い」とか「唯識思想」とか「一切のものに仏性がある」とか、現代でもよく耳にする仏教の教えは、皆、そういう枝々の一つである。繰り返すが、それらをすべてまとめてみても、仏教の姿はなにも見えてこない。「仏教を語る」ためには、それらの枝のどれかひとつを選んで、「私は、こういう枝を選んだので、それを語ります」と言って、語る、それしかないのだ。

そしてこの本の中で私が語ろうとしているのは、そういった複雑な系統樹の一番の根本、最初の幹の部分、つまり「釈迦の仏教」である。なぜそれをここで語るのかというと、日本の仏教は、そのすべてが、大乗仏教であり、それは釈迦よりも後の時代になって生まれてきた新しい枝なので、日本にいる限り、釈迦の仏教に触れる機会がほとんどないからだ。だからそれを皆さんに知ってもらいたいと考えたのである。現在は、スリランカやタイなどの南方仏教国から、小乗仏教（正式にはテーラヴァーダあるいは上座仏教）と呼ばれる古いままの仏教も入ってきているが、ただし、教えは古くても、僧団の在り方自体は、釈迦の時代と随分違ってしまっていて、それがそのまま釈迦の仏教を現しているわけではない。私が試みたのは、仏教学という学問を通して知ることのできる、二五〇〇年前に存在した釈迦の仏教を、教えや哲学だけでなく、その運営理念も含めて紹介し、それを現代人の日常生活でも役に立つ形で語るという作業である。

この本の目的は、釈迦という人物の素晴らしさを広く知ってもらうこと、そしてその釈迦が説いた「生き死に」の方法を、読者のみなさん自身で深く静かに考えてもらうことにある。考えたうえで、「私には必要ない」と思われるならそれで構わない。釈迦の仏教というのは、教義を押しつける宗教ではない。必要とする人を待ち受ける、病院のような宗教だ。だから、必要とする人が現れた時にだけ、その効果を発揮する。この本は、その紹介パンフレットである。読んでみて、「自分に合いそうだ」と思われたなら、さらに先に進んでみてほしい。そこに、「頼りになる人生の杖」を見つけることができるかもしれない。

この本がきっかけとなって、一人でも多くの人がお釈迦様とのご縁を結んで下さるよう、心から祈念している。

付記：本書で用いている「小乗」という語は、本来は大乗仏教側からの蔑称であるから使用すべきものではない。しかし私は、その小乗仏教を敬愛しており、そこにある「釈迦の説いた道をひとり歩む」という生き方に惹かれているので、その教えを端的に表す語として、あえて「小乗」という呼称を使った。人によっては不愉快な思いをされるかもしれないが、その点はお詫びする。私は、大乗世界の人たちから「小乗」と蔑まれてきた釈迦の仏教を、その「小乗」という言葉ごと、名誉回復したいと願っているのである。その点、ご承知おき願いたい。

第一話　最強の知恵者とともに

この本には一〇〇本の話が入っているが、そのほとんどは、私が二年間にわたって新聞に掲載したコラムを加筆修正したものである。連載中の二年間は、人の生き方や死に方を、いろいろな方向から考えては書き、書いては考えるという毎日だった。その間、新聞というメディアを通して、多くの読者の方たちとご縁が繋がっているという、その思いがなによりの励みになったが、その一方で、自分の見解を公に発信することの責任の重さも実感した。

たとえば、「自殺は決して罪悪ではない」(本書第四〇話)ということを書いたところ、それに対しては、何通かの批判の投書と、多くの方からの丁寧なお礼状を頂戴した。礼状はもちろん、身近な人を自殺で亡くされた方々からの封書である。

一通読むたびに涙があふれた。そして、私の発する言葉が、良し悪しはともかく、こうして大勢の人たちの心に様々な思いを呼び起こすのだと知って、襟を正したのである。メディア上で発言するということは、その言葉に対して無条件に責任を負うということだ。まして人の生き方にかかわる言葉なら、なおさらである。

もしも私が、ただ自分が生きてきたこの人生だけをベースにして、何かを語ろうとしても、ろくな話にはならない。人に教えを垂れるほどのことは何一つしてこなかったのだから仕方がない。

しかし幸いなことに、私のそばには、釈迦という最強の知恵者がついている。お釈迦様の残した様々な言葉が、「物事を正しく考える」、その方法を教えてくれるのだ。私がコラムを書き続ける中で目指したのは、その釈迦の言葉を、今現在のこの世の中で使えるようにちょっとだけ形を直して、読者の皆さんに紹介することであった。

だから私の責任は、その直し方にある。間違えることなく、少しでも役に立つ形で、釈迦の教えを現代に再現したい。その一心で考え続け、書き続けた。今それを、もう一度練り直して、ここでまとめて一冊の本にする。それによって担う責任はますます重くなり、ご縁の喜びもいよいよ深くなる。それもすべて、釈迦という人物に出会った私の幸運である。

大昔のインドで書かれた仏教書では、冒頭に必ず、仏を称える言葉が置かれている。私もそれにならい、こうやって第一話でお釈迦様の徳を賛嘆してから、そろそろと本題に入っていくことにしよう。

第二話　仏教の目指す生き方

私は子どものころ、科学者になりたくて、小学校の文集でも「ノーベル賞がとりたいです」などと書いていた。実に素直な科学少年だったのだ。しかし大志を抱いて京都大学工学部に入学してみると、周囲はけた違いに優秀な人ばかり。途中で行き詰まり、気がついてみたら全く畑ちがいの仏教学者になっていた。その間、諸種の事情で人生の方向を変えるたびに、それまで積み上げてきたものがすべて無駄になったような喪失感を感じていた。

だが、今こうやって仏教という世界に身を置いてみると、そうやって虚しく失われてしまったと思い込んでいた様々な経験が、この私という存在を、とても自然なかたちで助けてくれていることに気がつく。無駄になってしまったと思っていた過去の様々な体験が、実は、私がここでこうして生きているための大切な栄養になっていることに、改めて思い至るのだ。

そういった気持ちを持てるようになった一番の理由は、仏教学を学ぶ中で、仏教という宗教の本質が次第に見えてきたことにある。現在の日本に広まっている様々な仏教も、本源をたどればすべては釈迦に行きつく。はるか昔、遠いインドの地でお釈迦様がおつくりになった仏教の本当の姿はどうであったか、探究するうちに、その核心が見えてきたのだ。

それは一言で言えば「修行」である。誠実に勤め励むことに人生の価値を見いだす。それが仏教の本義である。

間違うこともある、失敗することもある。だが、間違ったら直せばよいし、失敗したらやり直せばよい。ともかく、日々の努力なくしては何も始まらない。そうやって日々、迷い考えながら正しい方向を求めて努力していく。そこに仏教が目指す生き方がある。仏教は、私のぐるぐる回りの人生にも、「それでもいいのだ」と太鼓判を押してくれる。私は仏教と出会ったことで、過去のすべての経験を、「意味あるもの」として取り戻すことができたのだ。

ではその仏教が、最終的に正しいと考える、我々の心に真の平安をもたらす修行とはどういうものか。以下回を追って紹介していくことにする。

第三話　**修行を支えるものは何か**

仏教の本質は修行である。修行とは日々努力すること。それが人格を向上させるのである。では、同じことを毎日繰り返せば修行になるのだろうか。同じことの繰り返しがそのまま「良いこと」なのだろうか。修行というと、坐ったり叩かれたり、野山を走ったり滝に打たれたり、そんな姿を思い浮かべると思うが、そういうことをひたすら繰り返せば、人格は向上するのだろうか。

たとえばナイフに良い悪いの区別はない。ナイフはナイフ。物を切るためのただの道具だ。母親が病気のわが子にリンゴを食べさせようと皮をむくのに使うなら「よい使われ方をしたナイフ」である。しかし、乱暴者が、人を傷つけるためにそれを使うなら「悲しい使われ方をしたナイフ」である。世界は、あるがままにあるだけであって、そこに良し悪しの区別はない。区別を与えるのは我々、人の心の方なのである。

毎日毎日、自分で決めた約束事を誠実に実践することは難しい。しかし、そういった修行も、ナイフと同じくそれ自体に良し悪しがあるわけではない。修行は修行。ただそれだけである。たとえば坐禅をするにしても、毎日邪悪な心ですれば、邪悪なものになる。

実際に修行している人の中にさえ、修行イコール「厳しい日常生活」と考える人がいる。だが厳しいだけでは修行にはならない。修行を「良い修行」にするためには必ず智慧の力が要る。智慧とは、自分の心を正しく把握し、それをより良い方向へと改良していくための精神力を指す。人を傷つけないような修行を考えるのも智慧であり、修行の結果がその人の人間性を高めるかどうかを見極めるのも智慧の力である。

「修行するぞ、修行するぞ」というオウム真理教の怪しいつぶやきは、信者たちを智慧なき修行へと誘い、破滅へと導いた。「修行する人はそれだけで偉い」という先入観は非常に危ない。正しい修行を実践して智慧の力を身につけた人が偉いのであり、また、特別な修練などしていなくても、日々智慧を磨いて心を向上させている人も、同じように偉い。

修行には必ず智慧の裏づけが必要である。肉体と精神。体と心の両方をバランスよく組み合わせたところに、お釈迦様の目指した真の仏道修行が完成するのである。

第四話　**智慧を生み出す母胎**

「仏教の修行というのは、なにをするのですか」と、よく尋ねられる。仏教は、二五〇〇年もの長い歴史を持っていて、その間にどんどん変化してきたので、修行の中身も宗派によってばらばらである。その結果、なにをやっても修行になるという、分かったような分からないような話になってくる。

しかしそれは変である。毎日の掃除や洗濯が修行になるなら、家事に追われる家庭の主婦が真っ先に悟りを開くはずだし、つらい思いをじっと耐えるのが修行なら、会社で四六時中つらい思いをがまんしているサラリーマンは、みな聖者である。なんでもかんでも修行と結びつけるから、かえって修行の本質が見えなくなる。

本来の仏教では、「なんでも修行になる」などとは言わない。修行とは、お釈迦様自身の体験を元にかたちづくられた、特定の方法を用いるトレーニングだけを指す。

ではその、仏教本来の修行とはどういう性格のものか。一言で言えば精神集中である。瞑想ともいう。坐禅しているお坊さんの姿を思い浮かべればよい。じっと坐って精神を研ぎ澄まし、外界からの刺激に動じない堅固な状態に自己を保つのである。

しかし、ただそれだけで自然に修行が進むというわけでもない。瞑想に打ち込んだオウム真理教の信徒らが恐ろしい殺人集団になったことを思えば、瞑想するだけで人の内面が向上するのではないということがよく分かる。瞑想はあくまで道具にすぎない。

その研ぎ澄ました精神状態を使って何をするのかというと、智慧の力を起こすのである。仏教の目的は、「智慧」という特別強力な力を使って、自分の心を改良していくことにあるのだが、瞑想は、その智慧の力を生み出すための母胎なのである。瞑想によって智慧を生み出し、それによって自己の心を改良していく。これが仏教修行の基本的な枠組みなのである。

第五話　瞑想と自転車は似ている

お釈迦様が仏教をつくったのは今から二五〇〇年前のインド。一方、世界初のペダル式自転車が登場したのは、一五〇年ほど前のフランス。だから（あたりまえだが）お釈迦様は自転車を知らなかった。しかしもし、お釈迦様が自転車に乗ったなら、必ず「瞑想修行と自転車は似ている」と言ったに違いない。

人は誰でも、初めは自転車に乗れない。それでも「練習すれば乗れるようになるよ」という先輩たちの言葉を信じ、乗ってみようとする。周りの人がスイスイ走っているのを見れば、「僕だって乗れるはずだ」という希望が湧く。でも最初はうまくいかない。頭では分かっていても、肉体の運動調節がどうしてもスムーズにいかないからだ。そして、ころんですりむいて泣いたりする。「どう考えても、車輪ふたつで倒れずにまっすぐ走れるはずがない」とくじけそうになる。しかし同じ動作を何度も繰り返すうちに、なんとなくコツがつかめてくる。そして、一瞬だが、すうーっと走れる瞬間が訪れる。「あっ、乗れた」と思うのだが、すぐにまた倒れる。だが、その一瞬の記憶は鮮明だ。その、心浮き立つような瞬間をもう一度味わいたくて、練習に一層力が入る。するとその「すうーっと走る」経験がごく自然に続くようになる。ついには、倒れることなく、走りたい時にいくらでも走れるようになる。走りたければ走り、やめたければやめる。こうして人は、自転車という道具を、自分の身体の一部のようにしていく。新たな能力の獲得である。

修行者が瞑想に入って精神を集中させていく過程は、これとそっくりだ。「やるぞ」

と気持ちを奮い立たせて、何度も失敗を繰り返しながらも次第にコツを会得し、やがて心が、普段とは違う、極度に集中した瞬間を体験する。あとはその状態をどんどん長びかせ、最終的には、いつでも、いくらでも、そうした集中状態を持続できるようになる。これは一五〇〇年も前から伝わる古代インド語の修行マニュアル（『清浄道論《しょうじょうどうろん》』）に書いてあることである。

今度自転車に乗ったら、上手にまっすぐ走る自分の姿を、瞑想修行のお坊さんの姿にかさねてみるのも面白いだろう。ただし走行中は目をつぶらないように。

第六話　正しい瞑想の〝道具〟

仏教の修行では、正しく瞑想に入れるかどうかがキーポイントになる。ではどうしたら正しい瞑想ができるのか。なにか決まった方法があるのだろうか。

今日《こんにち》、坐禅の道場で精神集中を始める際、なにか特別な道具を使うことはない。ひたすら坐る中で、自然に心が集中してくるのを待つ。多分、それが本来の瞑想の姿なのだろう。お釈迦様も、同じだったに違いない。

確かにそうした方法で精神が集中できればそれに越したことはないが、凡人だらけの私たち一般修行者にはなかなか難しい。「精神集中マシン」のような便利なものがあればよいが、下手に怪しい宗教のインチキ機械などに手を出すと、知らぬ間に洗脳されかねない。

困って、またまた『清浄道論』をひもとくと、実は瞑想用の道具がちゃんと載っている。昔の人だっていろいろ迷って工夫して、修行の効率化を図っていたのである。代表的なものをひとつ、みなさんに紹介しよう。「土の円盤」である。丸い木枠をつくり、その内側に土を塗って表面を滑らかにしたものだ。それを目の前に置いてじっと見つめる。目は半眼に開き、頭の中で「これは土だ、これは土だ」と念じながら、ひたすら見続けるのである。

やがて、目を閉じても円盤の姿が自然と脳裏に浮かぶようになる。そうなったら自分の部屋に飛んで帰って、じっと念をこらす。今度は円盤なしで「土、土」と念ずるのである。これを繰り返すうちに、具体的な円盤の姿を離れた「純粋概念としての土」で心がいっぱいになる。土をとっかかりとして、心が一点に集中してきたのである。

あとはこの手順を繰り返し、集中度を上げていく。そうするうちに、初めて自転車に乗れた時のような、ふっとレベルアップする瞬間が来る。これが瞑想第一段階への到達ということになる。土に意味があるわけではない。なにかをきっかけに心を集中させる、それこそが重要なのである。

第七話　日々努力を重ねる覚悟

修行者がハイレベルな精神集中に入るためのとっかかりにはいろいろなものがある。第六話で紹介した土の円盤は代表例だが、他にも器に張った水、青や黄など原色の染料で染めた丸い模様、壁にあけた穴、そういったものをじっと見ることで心の集中度を高めていく。

とっかかりは、物品でなくてもよい。ゆっくりゆっくり呼吸し、その息の様子に思いをこらすという方法もある。これは禅宗の坐禅やヨガにも取り入れられていて、日本でもおなじみである。鼻先に神経を集中し、そこを出入りする風の動きを、ひたすら脳裏に思い浮かべるのだ。

自分の肉体の中身を、髪の毛から始めて、爪、歯、心臓、肝臓、胆汁、膿、血液、唾など、三二の要素に分けて観察していくこともある。『清浄道論』には、そういった様々なとっかかりが全部で四〇も並んでいる。

仏の素晴らしさをひとつひとつ思い浮かべて、じっと念をこらすというやり方もある。これは日本で言う「念仏」とは別もので、仏はどうして素晴らしいのか、その理由を、頭の中でひとつずつ丁寧に考えていくというものである。仏が瞑想のための道具にされているのだ。

気をつけなければならないのは、とっかかりそのものには何も特別な意味がないということである。大事なのは精神集中に入れるかどうかであって、なにを使って精神を集中したかは問題ではない。土の円盤や自分の内臓にしても、精神集中の役に立つという、それだけの理由で取り入れられているのである。

仏でさえ、ただの道具。土の円盤と同列である。「修行に仏さまを利用するとは不謹慎な」などという思いわずらいはない。ここには仏教という宗教の特徴が表れている。「努力がすべて。だからこそ、その努力を最も効果的なものにするため、あらゆる創意工夫を取り入れねばならない」という、きわめて合理的な姿勢である。

そこに私は、一生かけても実らないかもしれない理想に向けて、それでも日々努力を重ねていこうとする仏教修行者の、強烈な覚悟を感じる。「やるからには必ず成し遂げねばならない」というその思いこそが、仏教の原動力なのである。

第八話　深夜の森で死体と二人

インドでは昔から、人が死んだら火葬にする。それが最も立派な葬儀方法である。しかし時には、亡きがらが森の中まで運ばれ、そこにポイッと捨てられることもあった。処刑された罪人や、自分の葬式の薪が買えない貧しい人の場合である。

そのような死体は、放置されたままでしだいに腐っていく。腐乱して虫が湧く。野獣に食い荒らされることもある。目を覆いたくなるようなその情景が、修行の役に立つと昔の仏教修行者は考えた。そういった場所までわざわざ出かけていって、その死体の前にじっと坐り、目をこらしてひたすら見つめるのである。その強烈な光景が、普段の生活では体験できない激しい精神の覚醒をもたらし、精神集中へのきっかけをつくるのだ。

見つめているうちに夜になることもある。インドの夜の森で腐乱した死体と二人ぼっちである。想像するだに恐ろしい。だが彼は、暗闇の中、押し寄せる恐怖と必死に闘いながら、それでも死体と対峙し続ける。

そうやって死体の姿かたちを脳裏に焼き付けたら、大急ぎで寺まで戻り、自分の部屋に入って念をこらす。死体の様子をありありと思い浮かべ、それをとっかかりとして精神集中に入るのである。死体は日々刻々と変化してしまうから、やり直しはきかない。命がけ、一発勝負の荒技である。

今現在、こんな修行をしている人はいないだろう。よくまあ、ここまでやるもんだと、恐れ入る。しかし、大切なのはその心意気である。家族や財産を捨て、肩書も名声も捨てて出家した修行者がただ望むことは、悟りへと向かう心の向上しかない。そのためには精神集中が必須であり、死体を見つめることでそれが叶うなら、意を決してやる。命の危険があってもやる。それが出家の心意気である。

それまで積み上げてきたものをいっぺんに放り投げて、修行の道へと身を投じた人は私の周りにも大勢いる。人々が物質文明の快楽を謳歌する現代に、あえてそれを振り捨てて自分の道を歩む修行者の心意気は、命がけで死体と向き合った古代インドの修行者のそれと変わるものではない。

第九話　**修行にはすぐれた師が必要**

修行者が精神を集中するためのとっかかりとして、いろいろな方法が考案されたことを紹介してきた。その数は四〇種類にのぼる。なぜこんなにたくさんあるのかというと、人にはそれぞれ個性があって、それに応じて用いるべきとっかかりが違ってくるからである。

たとえば土の円盤を見つめるという方法ならば、どんな人にでも適している。くせのないマイルドなやり方だからだ。しかし死体を眺めるという過激な方法は、怒りっぽい人には向いていない。怒りっぽい人が死体を見て、人の肉体のもろさ、虚しさを目にすると、今までそれを素晴らしいものだと錯覚していた自分の心との葛藤が大きな怒りを生み出し、精神集中どころではなくなるからである。その一方で、執着の心が強い人には、逆に、この方法が最適である。人体のおぞましさを実感することで、異性への色欲も消え、心の浮わつきが除かれるからだ。

このように、一口に修行といっても、実際には個々人の適性に応じた個別の方法が必要となる。怒りっぽい人、欲の深い人、愚かな人、そういった一人ひとりの性格に応じて、やり方は違ってくる。だから修行にはすぐれた師が必要となる。各自の複雑な精神状態を的確に把握し、その人に最も適した方法を考え、段階を追って正しいアドバイスを与えてくれる有能なインストラクター、それこそが仏教にとって最も重要な存在である。

お経や仏像を後世に伝えることや、古い寺院建築物を大切に守っていくこと、仏教の深遠な哲学を説き明かすこと、これらは皆、重要な仕事ではあるが、それだけでは生きた仏教は続かない。なによりも大切なのは、正しい修行方法を指導するための教育システムがしっかり続いていくことである。

それがあって初めて、今現在の世の中で悩み苦しんでいる人に、新たな人生を切り開いていくパワーを与えることができる。オウム真理教に多くの若者が参入したという事実は、修練のための正しい指導を望んでいる人が社会の中に大勢いるということを示している。多くの人たちが、宗教側の人間に向かって、「私に正しい修練の方法を教えて下さい」と訴えているのだ。日本の仏教界はその人たちの思いに応えねばならない。それこそが仏教の存在意義だからである。

第一〇話　**世俗に媚びず振り回されず**

修行というと、イメージとして浮かぶのは坐禅の姿である。両足を組み、ぐっと膝の上まで持ち上げ、背筋を伸ばしてあごを引く。目は半眼となり、ゆっくり呼吸を繰り返す。これで精神集中に入る準備はオーケー。

あとはひたすら坐るだけ、となるのだが、古代インドのマニュアルには、そういった身体的な決まり事はあまり詳しく書いてない。「まあ、そんな感じで適当にどうぞ」といった具合で少々拍子抜けである。別に坐らなくても、歩いていても、横になっていても、要するに「身体がリラックスして、心が冴えきった状態」を保てばよいということである。

より大切なのは、修行ができる環境をきちんと整えること。いくらお釈迦様でも、渋谷のハチ公前では落ち着いて坐れない。自分をどうやって静謐《せいひつ》な環境に持っていくか、それも修行者の大切な課題となる。

これに関しては、いろいろなアドバイスがある。繁華な場所で暮らさない（気が散るから）。信者が集まってきて、ちやほやするような場所に身を置かない（心が傲慢《ごうまん》になるから）。お布施が豊富にもらえる所に住まない（布施のお返しに、いつも人々と付き合わねばならないから）。寺の修理改築で忙しいような所に住まない（工事にばかり気が行くから）、といった具合。

とはいっても、托鉢《たくはつ》のご飯で命を繋ぐ出家者が、人気《ひとけ》のない場所で生きていくことはできない。要は、人々の施しで生きながらも、その施しに振り回されることなく、バランスよく修行に力を注ぐのである。

世俗に媚びるなという助言は、現代日本の仏教界にとって貴重な訓戒となるだろう。また、バランスを重視せよという助言は、一般社会の中で暮らしながら、なんとか自己を鍛錬したいと願う多くの人たちに、心構えの規範を示してくれる。深遠な哲学もよいが、こうした現実的側面もまた、仏教の魅力である。

第一一話　日常のなかの修行生活

今、世界で一番仏教が盛んな国はどこか、ご存じだろうか。それはアメリカである。

仏教学者のケネス田中氏（武蔵野大学教授）によると、少なく見積もっても、仏教徒の数なんと三〇〇万人。しかもどんどん増え続けている。日本のように、家が代々仏教だから、法事・葬式の時だけなんとなくお寺さんの世話になる、といった人たちではない。自分で悩んで考えて、「仏教がいい」と判断し、実際に仏教世界へ入ってきた、本当の仏教徒である。

時代の先端を行くアメリカ文明社会の人たちは、あまりに多様化した価値観の渦に巻き込まれている。その中で、従来の一神教の世界に自分の居場所を見いだすことのできない人たちが、「神なき現代世界で自分の真の姿を確立するには、一体なにをすればいいのか」と尋ねてまわって、その結果行き着くのが「超越者も救世主もいない、このあるがままの世の中にも、正しく自己を確立する方法がある」と説くお釈迦様の教えなのである。

この仏教徒たちは、「なになに宗」といった特定の宗派、教団に属しているのではない。そういった生臭い人間組織に嫌気がさしたからこそ、仏教を選んだ人たちである。彼らは、すぐれた指導者や高僧が書いた本を読み、話を聞き、ある程度修行のテクニックを学んだ後は、家庭生活を続けたままで修行に入る。自分自身の人生を充実させようと考えて選んだ仏教の道だから、個人個人で歩んでいくのだ。仲間を増やして組織をつくり、団体で活動しようなどとは考えない。

仕事が終わって家に帰り、晩ご飯のあと一息ついたら、書斎や寝室でナイトスタンドをつけ、一人坐って瞑想する。日々の生活の中、「修行」というものが自然に、無理なく取り入れられている。「ナイトスタンドブディスト」――アメリカを中心に世界へと広がりつつある、新しい仏教徒たちの呼び名である。

彼らのまき起こす衝撃波が、仏教の新時代を切り拓いていく。長い伝統を持ちながら、その伝統のゆえにかえってがんじがらめの狭苦しい権威社会となってしまった日本仏教にとっては、うれしいような、うらやましいような話である。

第一二話　自由な空気に芽ぐむ仏教世界

米国ニューメキシコ州。赤い大地を切り裂く深い谷間に、仏教の修行センターがある。以前そこに講師として招かれたことがある。

渓谷の小川に沿った広い敷地に簡素な宿舎と修行場が建ち、中庭には手作りの大きな露天風呂がある。風のやむ昼下がり、立ち止まってじっと佇《たたず》むと、あまりの静寂に頭がジンジンしてくる、それほど閑静な場所である。

一緒に行った花園大学の学生のほか、アメリカ人の坊さんが約一〇人、ニューメキシコ大学の学生が数十人、それに地元の大人たちも大勢やって来た。みな泊まり込みである。そこには、長く仏教を信奉しているベテランから、人に誘われて面白そうだから来てみたというヒッピーのお嬢さんまで、様々な人が混ざっているが、いずれも仏教を生活の支えにしたいと願うアメリカ人たちである。

朝五時半から坐禅をして、朝食後は仏教の講義を聴く（ここが私の担当）。午後は、一人で瞑想するなり、みんなで仏教について語らうなり、本を読んで勉強するなり、すべて自由時間である。食事は、調理係の僧侶がつくるアメリカ版精進料理。材料名も味付けも全く不明で、不思議なスパイスの香り漂う、赤青黄色の極彩色料理である。すごくおいしい、というわけではないが、すごく変わっていて楽しい。こんな生活が毎日繰り返され、穏やかで濃密な時間がしずしずと過ぎていく。

集まった中には、どうみても仏教を誤って理解していると思える人たちもいた。しかしそれはたいした問題ではない。まわりからの押し付けで、洗脳されて間違った道に入ったわけではないから、いくらでも訂正がきく。自分で納得し、選んだことだからこそ、それが誤っていても、誇りをもってやり直すことができるのである。伝統のしがらみも、組織の強制もない、こんな自由な空気の中で、仏教がゆっくりと人の心にしみ込んでいく。お釈迦様時代の仏教も同じだったに違いない。

二五〇〇年前に生まれた仏教が、今また西欧世界で新たな芽を膨らませつつある。それが本当に花となって咲くかどうか、期待を抱いて見守りたい。

第一三話　伝統のくびきから放たれて

「今、世界一仏教が盛んな国はアメリカだ」と書いたコラムが新聞に掲載された折、ある読者から「それは間違いではありませんか。世界一仏教が盛んなのはタイでしょう」というご意見をいただいた。その通りである。タイやスリランカ、あるいは台湾や韓国では、大勢の仏教徒が伝統的仏教を大切に守っている。人口比という点でいえば、キリスト教を基盤とするアメリカよりもはるかに仏教が盛んである。私の説明不足が誤解を招いたのだ。貴重な情報をいただいたケネス田中氏にも、ご迷惑をおかけして、申し訳なく思っている。

伝統的な仏教を、昔どおりに守っている国ならば、タイが世界一であろう。国民の実に九五パーセント以上が仏教徒である。ただ私は、「いくらでも選択肢がある中で、自分の生きる道として、個人的に仏教を選ぶ人が多い」という意味でアメリカを、「今、世界一仏教が盛んな国」と表現したのである。仏教徒でない人が、新たに決意して仏教徒になるケースで考えれば、アメリカこそ最も元気よく仏教が広がっている国と言って差し支えない。

「世界一仏教が盛んな国」の意味をめぐってここで生じた行き違いは、「仏教が栄える」ということの本質を考えさせてくれる。仏教徒の数や、仏教文化の広がりといった点から見れば、東洋の多くの国では仏教が栄えている。日本だって間違いなく立派な仏教国である。しかし問題はそこから先にある。その仏教が、一人ひとりにとってどれほど重要な意味を持ち、人生の支えとして機能しているか、その度合いで考えるなら、日本のランクは随分下がるだろう。タイのような強固な仏教国でも、現代人の意識は大きく変化している。価値観が多様化する中、現状を維持していくのは難しいかもしれない。

それに対して、キリスト教を母体とし、物質文明の先端を行くアメリカで、釈迦の教えにしたがって生きる仏教徒が増えているという点が重要である。そこには、伝統や慣習といったなれ合いの要素を超えて、仏教の真の魅力に惹きつけられている人々の世界がある。私はそこに、若々しくてカッコいい仏教がもう一度甦《よみがえ》る可能性を見るのである。

第一四話　数学も一種の瞑想修行

精神集中だとか瞑想だとかいうと、なんだか宗教くさい感じがして、嫌がる人も多い。しかし、今この本を読んでいる人のほとんどが、実は瞑想の体験者なのである。数学の難問で、悪戦苦闘した経験は誰にもある。試験で配られた問題を見ても、最初はチンプンカンプン。どこから手をつけていいのか、さっぱり分からない。それでも頑張ってあれこれ考えているうちに、糸口が摑めそうな気がしてくる。解けそうで解けない、そんなじれったい時間を耐えていると、ある瞬間、それまで断片的に散らばっていた情報が一本の糸になって繋がり、答えが閃《ひらめ》く。「ああっ」と思ったその時には、もうすべてが理解できている。

じっと考えることで、散漫だった心が次第にひとつの問題へと集中していって、その集中力が、最後の最後、一挙に爆発してすべての謎を解きほぐす。人が数学の問題に立ち向かっているその姿は、まさに瞑想者である。

私たちはなぜ数学を学ぶのか。今になってようやくその答えが分かってきたように思う。計算力が日常生活で役に立つとか、論理的な思考力を養えるとか、そんなことはどうでもいい。大切なのは、最初から目の前にあるのに、自分の心が迷っているせいで気づかずに見過ごしていた真理に、ある瞬間ハッと気がつく、その体験である。数学を学ぶことの意味は、集中した精神を使って自分で真理を発見し、その喜びを全身で感じるところにある。そして、そういう自力で見つけた真理こそが、自分にとっての本当の真理となるのである。

お釈迦様は、「人が生きるこの世界は、どのように成り立っているのか」という未解決問題を考え続けた瞑想者である。数学の問題は解かなかったが、それと同じやり方で人の心の問題を解いた。気がついてみれば簡単なことなのに、いろいろな偏見のせいで見落としていた真理を、瞑想の力で見つけ出したのだ。

彼が見つけたのは、「我々の世界はすべて、因果の法則で動いている」という素敵な真理である。もう少し詳しく言おう。「この世には、超越的な力を持つ絶対者など存在しない。すべては、原因と結果の間に成り立つ法則性で動いている。私たち自身の肉体も心も、その法則性に沿って存在しているのだ。だから、生きる苦しみを消し去るためには、外の絶対者にお願いしても意味がない。世の法則性を正しく知ったうえで、それを利用したかたちで自分の心を鍛錬していく、それが苦しみをなくす唯一の道だ」という、これが釈迦の答えなのである。そして、実際に心の鍛錬をするための方法を考案し、私たちに教えてくれた。

釈迦も数学者も、瞑想して真理を知るという点では、同じ世界の人なのである。

第一五話　生き仏にハンバーガー

先日テレビで、あるタレントがこんな笑い話を披露していた。「タイに、民衆から生き仏のように尊敬されているお坊さんがいて、番組の取材で会いに行ったんだけど、食事中だということで、どんな立派な精進料理を食べているのかとちょっとのぞいたら、ハンバーガーを食べてシェイクを飲んでいました」

生き仏がハンバーガーを食べている様子は、確かに面白い。私もつい笑ってしまったが、そのあと、「見ている人たちが、変に誤解しなければいいけれど」と心配になった。出家したお坊さんというのは、普通の人とは違う。どこが違うかというと、仕事をしないのである。一切の仕事をやめて、人生のすべての時間とエネルギーを、修行というただ一つの目標に使う。それが僧侶の生きる道である。

しかし仕事をしないということは、食べていく方法がないということだ。毎日毎日坐っていたら餓死してしまう。そこで仕方がないので、毎朝、近くの町や村へ行き、人々の食べ残しをもらって、それで命を繋ぐ。いわゆる托鉢である。そしてその、人からわけてもらう食べ残し、それをお布施というのである。

食べ残しだから、そこには肉や魚も入っている。ぜいたくの言える身分ではないから、もらったものはなんでも食べねばならない。だから、お坊さんはもともと、肉や魚を食べても構わない。それが、お釈迦様が決めた仏教本来の生活方法なのである。

この笑い話がおかしいのは、「生き仏という、世にも崇高な人物が、ハンバーガーとシェイクなどという俗っぽいものを頰張っている、そのアンバランス」であり、また「精進料理しか食べないはずの生き仏が、ハンバーガーの肉にかぶりついている、そのインチキ臭さ」にある。しかしそれはどちらも、笑っている私たちのほうが間違っているのだ。僧侶とは本来、「人の食べ残し」という極めて俗っぽいもので命を繋ぐ存在である。そして、肉でも魚でも、人様がくださった物はなんでもありがたく受け取って食べる、謙虚な存在でもあるのだ。だから、この生き仏は、まったく正しい。

たかだか数百円のハンバーガー。どこかの信者さんからのお布施だろう。質素な食事である。それをありがたく頬張って、黙々と修行に励む。それこそ立派な出家者の姿。わざわざ作った立派な高級精進料理など、僧侶にはふさわしくないのだ。僧侶の偉さは、「どれだけ真剣に修行生活を送っているか」、その一点で決まる。修行も勉強もせず、ボーッとしているだけでお布施がもらえると思っているような坊さんを見たら、この生き仏様、「そりゃなんじゃ」と、大笑いするに違いない。

第一六話　何を食べてもかまわない

宗教には、食に関するタブーが多い。国際学会などに行くとそれを実感する。世界中から、あらゆる種類の宗教者たちが集まってくる。血抜きしてない肉や、うろこのない魚を禁じるユダヤ教徒。酒と豚肉をタブーとするイスラム教徒。牛肉を絶対口にしないヒンドゥー教徒。そういった人が一堂に会するのだから、レストランは大騒ぎである。

こうしたタブーの多くは、神との関係で決められている。イスラムが豚を嫌うのは、アッラーが「豚を食べるな」と言ったからだし、ヒンドゥーが牛を食べないのは、牛を神だと信じているからである。どの宗教でも「神が嫌がるから」というのが理由である。

では仏教はどうなのか。お釈迦様が創った本来の仏教では、超越者の存在を認めない。つまり我々に、神秘的な救いの手を差し伸べたり、罰を与えたりする者はどこにもいないと考えるのである（この点は、今の日本の仏教とは全然違う）。タブーを決める超越者がいないのだから、原則的に食は自由である。なにを食べようが各自の勝手。叱る者も褒《ほ》めてくれる者もいない。肉食も構わない。僧侶は肉食しないと思われているが、それはずっと後になって入ってきた慣習である。仏教は本来、肉食を認める宗教なのだ。

確かに仏教にも、食のタブーはある。しかしそれは、神が禁じたからではなく、自分の修行の妨げになるから食べないのである。

代表的なものとしては、まずお酒。飲んで酩酊すれば精神集中が乱れる。酒は修行の大敵である。それから大蒜《にんにく》の類。口臭を気にして人付き合いが悪くなり、その結果、大切な教えを聞く機会を逃してしまうから。まあ、それぐらいである。「なぜ食べてはならないのですか」と尋ねて「神がそう決めたから」と言われると、自分の知的好奇心を頭から否定されたようで気分が重くなる。その点、合理性を基盤として生きる仏教修行者の生活には万人を納得させる端麗さがある。問えば必ず答えが返ってくるのだ。仏教が「智慧の宗教」と言われる所以《ゆえん》である。

第一七話　殺生なしに生きられない

私はお釈迦様が大好きで、その教えにすっかり惚れ込んでいるが、だからといって、その教えがすべて正しいとは思っていない。

「この世に超越者などいない」「その、救いのない世界で我々は苦しみ続ける」「苦しみを逃れる手立ては、修行による自己の向上しかない」——これが仏教の基本である。超越者はいないというのだから、釈迦自身も超越者ではない。私たちの人生の師ではあるが、あくまで生身の人である。だから、現代から見れば納得できないこともたくさん言っている。その代表例が殺生の禁止である。

「殺生するな」と釈迦は言う。「殺している」と思う気持ちが、私たちの精神を劣化させ、苦しみを生み出すからだという。だから修行者は、一切の殺生をやめるよう命じられる。当時は、それが可能だと考えられた。目の前にいる生き物を殺さないよう、気をつけて暮らしていれば、それで殺生は避けられると思っていたのだ。

だが今はどうか。私たちは、古代のインド人よりもはるかに広く、深く、世のありさまを知ってしまった。この世は目に見えない微生物でびっしり覆われている。せっけんで手を洗えば、何億もの微生物が死ぬ。大根や人参もＤＮＡでつながった生き物だから、一本でも引き抜けば、紛れもない殺生である。科学の発達は、私たちが殺生なしで生きられないことを明らかにした。日々是《これ》殺生の私たちは、とうてい釈迦の望んだ生活は送れない。

ではどうするか。基本は、心を劣化させないように努めるという一点にある。殺生せずに生きられないのなら、それはそれとして受け止めよう。生きるために殺すのは仕方がない。教育や文化を守るためにどうしても必要な殺生もある。だが少なくとも、殺しそのものを楽しむ行為はやめる。他者の苦しみを見て喜びが生まれるなら、その人の心は間違いなく劣化していくからである。

食べもしない魚を遊びで釣ったり、害のない動物を娯楽のために殺したり、それはやめる。自分の心が殺しに慣れていくことだけは、なんとしても防ぐ。これが私の結論である。全国の釣り愛好家、狩猟愛好家の皆さんには申し訳ないが、釈迦の思いを現代に生かす、これが唯一の方法であろうと考えている。

第一八話　精進料理を噛みしめて

前話で、仏教が殺生を嫌うという話をした。その一方で、坊さんは肉食しても構わないということも紹介した。お釈迦様時代の仏教は、肉食と殺生を、まったく別の行為として切り離して考えていたのである。これは論理的にまったく正しい。肉を食べたからといって、それが殺生になるわけではない。お布施でもらった肉を食べながら、生き物を殺さないようにして暮らすというのはちっとも不自然なことではない。スリランカなどのお坊さんは、今でもこの考えで暮らしている。

ところがその後、一部の仏教徒が肉を食べなくなった。理由は、インド社会全体が、「肉には穢《けが》れがある」と考え始めたからである。

インドにカーストと呼ばれる身分制度があることをご存じだろうか。人の価値を、生まれだけでランクづけする邪悪な差別制度である。「人の身分は生まれつき決まってい て、それが低い者ほど穢れている。穢れは食べ物などを通して伝染する」というのがカーストの基本的な考えだが、釈迦が亡くなって数百年後、この制度が強まってきた時期、インドに肉を食べないという習慣が定着してくるのである。なぜか。

「人には生まれつき清らかな人と穢れた人がいる」というカーストの考えを自然界にまで延長すれば、「食べ物にはもともと清らかなものと、穢れたものがある」となる。肉は穢れたもので、野菜は清らかだ。だから肉を食べる者には、穢れが伝染するというのである。

この「肉を食べると穢れがうつる」という考えが仏教にも入ってきて、それが、仏教の菜食主義を生んだ。「野菜料理は清らかだ」という思考の裏には「生臭《なまぐさ》料理は穢れている」という思いがあるのだ。

私の言いたいことはこうだ。肉を食べず、菜食しながら修行に励む人は確かに立派だが、それは肉を食べないから立派なのではなく、自分を厳しく律する、その心が偉いのである。「味の欲少なく、わずかな糧《かて》で身を保つ」、そういう人の食事が、真の精進料理なのだ。一方、食べ物にはもともと清らかなものと穢れたものがあると考え、それで肉食しないのなら、その人はすでにカーストの虜だ。差別の沼に足を踏み入れている。精進料理を食べるときは、コンニャクといっしょに、背景にあるこういう問題も、よく嚙みしめてもらいたい。

第一九話　ついでに超能力でも

仏教では超能力がよく登場する。空を飛んだり、人の心を読んだり、過去の世を見通したり、偉い坊さんはいろいろな術を使うことになっている。当然、お釈迦様自身も超能力の名人とされていて、たとえば、まだ仏教の道を信用していない初心者に対しては、空中にとびあがって、身体から火や水を出してびっくりさせ、それで注意を惹いてから、法話を始めたといわれている。以前、そういうことに興味を持って、超能力の獲得方法について論文を書いたら、「先生も空をお飛びになるのですか」などと聞かれて閉口した。

もし釈迦という人物が本当にいたのなら、間違いなく普通の人間であるから、超能力など使えたはずがない。しかし偉大な人というものは、後でどんどん祭り上げられて、いつのまにやら超人になってしまう。褒められた話ではないが、今だって平気で超能力者の番組を流すテレビ局があるくらいだから、超能力好みは人の世の常として目をつぶろう。

大事なのは、その超能力が、修行道の中では、ただのおまけとして扱われている点である。瞑想の力で智慧を生み出し、それによって自己の精神を向上させるという道筋の中、超能力はなんの働きもしない。瞑想したついでに超能力もやってみるか、といった程度で、あくまでオプションである。

ある程度まで修行が進んだら、「超能力コース」というオプションがあって、そっちへ進みたい人は進んでもよいが、そこを無視して、悟りへの本道をそのまま歩んでいっても少しも構わないとされているのである。おそらく、釈迦のつくった合理的な修行の道に、あとから超能力を無理やりはめ込んだのだろう。

だから、まじめに修行している普通の人には超能力など関係ない。そんなものには目もくれず、まっさらな道をまっすぐに進めばよい。仏教が、超能力を土台にして成り立つ宗教でなくて本当によかった。お寺に入ったら、ビュンビュン空を飛び回る坊さんや、

「あなたの過去を教えましょう」などと恩着せがましく寄ってくる坊さんがうようよしている、なんて光景は背筋が凍る。

「偉い人なんだから超能力者だったに違いない」という程度なら、敬慕の念の表れとしてかわいい。しかし「超能力者だから偉い。偉いから信用して、人生を任せてみよう」となると、その思いが痛々しい。私たちが本当に信用すべきは、空に浮かんだ怪しいおじさんのご託宣ではなく、誠実に生きる人の口からでる真摯《しんし》な言葉である。

第二〇話　道を信じて生き方を変える

生まれたばかりの赤ちゃんは、ただ泣くばかりでなにもできないのに、母親が乳房を近づけると、きゅっとしがみつく。仏のように優しいお母さんであろうが、悪鬼の心を持つ冷酷な母親であろうが関係ない。無力な赤ん坊は、善悪、良否の区別なく、ひたすら母の愛を信じて、そこに身をまかすのである。信じて生きるという、この本能は、人が一生を終えるその期間、ずっと続くのだろう。

だから人はどうしても、なにかを信じる。神を信じ、仏を信じ、友を信じ、肩書を信じ、社会を信じ、そして自分を信じる。どこかに自分の存在を許してくれるやさしいなにかがあると考えるのである。そういう思いは、人を向上させることもあるし、堕落させることもある。

では「仏教を信じる」とはどういうことなのか。それは単に「仏の存在を信じる」のとは違う。仏教を信じるとは、「釈迦の説いた道を信頼する」のである。お釈迦様という人が発見した「悟りへの道」を信頼し、そこに自分の生活をゆだねる。それが仏教を信じるということの本来の意味である。

釈迦が完璧な人間だったかどうか、そんなことは知らない。その道が、本当に悟りへ繋がっているかどうかも、確証はない。しかしそれでも、「これだ」と決めて進んでみる。釈迦という先達を信頼し、その言葉に従って自己改良への道を歩み始めるのである。だから仏教を信じた人は、必ず自分の生き方が変わる。仏教は、自分の生き方を変えたいと願う人のために生まれてきた宗教なのである。

なにかを信じて生きるのなら、心の底から納得できるものを信じたい。超能力は気持ち悪いし、絶対者の存在を本気で信じるほど純朴でもない。そんな私には、釈迦というひとりの人間が説いた、「まっとうな視点で世界を見るための合理的な道」がなにより頼もしい。無垢な赤ん坊だって、五〇年もたてば、しがみつく相手を自分で選ぶくらいの智慧は身につくという一例である。

第二一話　自分に都合がいいことこそ落し穴

「人は愚かな生き物だ」とよく言われるが、それは本当だ。よく考えれば変だと分かることでも、それが自分に都合がいいことだと、無条件で受け入れてしまう。そこに人のもつ愚かさの根源がある。

以前、ある国立大学名誉教授の講演を聴きに行ったことがある。農業経済学の権威だそうだ。出だしは脳の話で、人の脳には右脳と左脳があり、両者がそれぞれ別個の働きをしているという。これは正しい。ところが、そこからが恐ろしい。世界の民族の中で、この右脳と左脳が繋がっているのは日本人だけであり、そのため日本人には、他の民族にはない特別にすぐれた思考力や認識力があるという。そんなバカな！

そこからがもっと恐ろしい。そのような特殊能力を持つ日本民族が、世界のリーダーとして君臨するのは当然であり、二一世紀に日本が世界の頂点に立つことは宇宙法則としてすでに決定している、そのことは相対性理論や量子力学によっても証明されている、というのである。なんと、この名誉教授の話は、科学に見せかけた世界征服論だったのだ。

多くの聴衆はびっくりしていた。学生もみんな首をかしげていた。ところがである、中にはいい年をした大人で、この話をすっかり信じ込んでしまって、「いやなるほど、よく分かりました。実にいいお話でした」などと言い出す者がいたのである。そのとき私は、「日本人は世界一すぐれた民族だ」という殺し文句の怖さを実感した。

自分にとって気持ちがいいから信じるのである。自己満足の欲求が合理性を押しつぶす。このような、自分本位の妄念に基づく根源的な愚かさを、仏教では無明《むみょう》と言う。「無明を捨てて、合理的に世界を見よ」と釈迦は言い、そのための方法を示してくれた。それが、修行による智慧の獲得である。

こんな極端な妄説を信じる人は少ないにしても、私たちは日常の様々な場面で、しょっちゅう物事を都合よく解釈し、間違った選択を繰り返している。仏教の智慧は、それを止めるための特効薬だ。名誉教授の与太話を信じてしまうほど重い「無明病」にかかっている人でも、釈迦の教えを煎《せん》じて飲めば、「名誉」にも「教授」にも惑わされない、まっとうな人になること請け合いである。

第二二話　寺はいつでも開放空間

私が生まれ育ったのは海辺の寺である。田舎だから遊びには不自由しなかった。海でも山でも川でも森でも、遊ぶところならいくらでもあった。しかしそんな中、遊んで一番面白いのは、自分の住んでいる寺だった。

本堂の百畳敷きで相撲やプロレス、縁の下では忍者ごっこ、裏の倉庫に秘密基地をつくり、墓場に行ってきもだめし。寺の中の怪しい異次元空間は、子どもにとってしびれるほど魅力的だった。そしてこんな風に遊びまわっても、誰も怒らなかった。子どもは寺で遊ぶもの、と誰もが思っていたようだ。

「寺はいつでも開《あ》いていて、誰もが自由に出入りする」、それはまったくあたりまえのことであり、子どもが放課後に来て遊ぼうが、早起きの年寄りが夜明け前から拝みにこようが、夫に殴られたお嫁さんが泣きながら夜中に駆け込んでこようが、いいのである。

独身修行者が集まって厳しい修行に明け暮れていた釈迦時代と、本堂の横に住まいを建てて、僧侶が家族と一緒に生活している現代日本では、寺の姿もずいぶん違ってしまったが、ただこの、「寺の開放性」という点は変わっていない。それはとてもよいことである。

古代インドの仏教修行者は、ひたすら修行に打ち込んだ。まわりの一般人は、そのひたむきな姿に感激し、「この人なら、お布施をあげるにふさわしい」と考えて、食べ物や日用品を差し出した。修行に邁進《まいしん》する僧侶の姿が、人の心を惹きつけるのだ。ここに、僧侶と信者を結ぶ絆が生まれる。だから修行者は、その絆を守るため、自分の生活のすべてを、皆に見てもらわねばならない。それが信用につながるのである。

そのため、修行の場所、つまり寺も完全オープンで、誰にでも開放していた。泥棒避《よ》けのため、夜間に門を閉ざすこともあったが、それでも信者さんがやってくれば、いつでも開けて中へ入れたし、大きな行事のある日などは、大勢の信者が境内に集まって、夜が明けるまで法話を聞き続けた。一般の人にとって、寺はまったくの公共空間だったのである。そこに住まわせてもらう僧侶は、自分の生活の一部始終を、皆に、見てもらうことが大事であり、見てもらわねばならなかったのだ。今の日本の多くの寺院も、開放性は高い。まじめだということだろう。だがもしそれが、変に人を閉め出したり、情報を隠したりし始めたら要注意。そういうところは、裏の工場で毒ガスなどをつくっているかもしれないのである。

第二三話　寺は人びとの思いの集積

仏教といえばお寺。まあ、誰でもそう思う。しかし、本来お坊さんは仕事をしてはならないのだから、一体どうやって寺を建てるのか。建設資金はどうするのか。答えは「人からもらう」のである。托鉢でご飯をもらうのと同じだ。だが、残り物のご飯を分けてもらうのとは違って、寺一軒建てるというのは大事業である。簡単にいくはずがない。

たとえば何人かの熱心なお坊さんが、まだ仏教が伝わっていない辺境の地へ布教の旅にでかけたとしよう。そこには寺などない。それで最初はどうするかというと、大きな木の下で寝泊まりする。つまり野宿である。これだってお坊さんの立派な生活方法だ。「住むための家があれば住んでもよいが、ない場合は野宿せよ」というのは、仏教の基本的な教えである。だから、その辺境のお坊さんたちは、まずは野宿から生活を始める。

托鉢でもらったわずかばかりの残飯で飢えをしのぎながら、修行する毎日。そのうち、「おれの家に泊まりな」などと言ってくれる人が現れるかもしれない。でも現れなければ、野宿は続くよどこまでも。そういうきつい状態で修行に励み、機会があれば仏教の教えを説き、次第に地元の人たちから尊敬されるようになっていく。「あの、汚い衣を着た、頭つるつるの変な連中、思ったほど悪くない。まじめな修行者らしいぞ」ということになり、「雨風にあたって大変だ。小屋のひとつも建ててやるか」となり、ここで初めて寺というものが出現する。仏教が世に広まっていく最初は、こういう感じだった。寺とは、坊さんが精いっぱい誠実に生きていく、その見返りとして一般社会が与えてくれる住まいである。

この考えは今も変わっていない。日本の寺には固定資産税がかからないが、それは寺というものが、皆の思いを集めて造った公共物だからである。そこに住まわせてもらうというのはありがたいことだ。寺は一種の社宅である。仏道修行という業務をしっかりこなしている僧侶にだけ与えられる特典だ。その家賃は「誠実さ」。くれぐれも滞納しないようお気をつけください。

第二四話　輪廻《りんね》といういあいまいな連続

仏教では、「我々は輪廻する」という。この輪廻というのは奇妙な考えだ。ちょっと説明しよう。

この世は、上は神様の世界から下は地獄まで、いくつかの段階に分かれていて、私たちは今、そのうちの「人《にん》」と呼ばれる段階に生きている。犬や猫の段階は「畜生」という。一応全部並べると、上から天、人、畜生、餓鬼、地獄となる（阿修羅を加える場合もある）。下へ行くほどつらくなる。

輪廻とは「ぐるぐる巡る」という意味だから、我々生き物は、この五種類の領域の中で、ぐるぐるといろいろな者に生まれ変わっていく。今私は人だが、死んだら何になるか分からない。「天の神様がいいなー」と思っていても、ゾウリムシかもしれない。神様に生まれたって安心してはいられない。神様にもちゃんと寿命があって、死んだらまたぐるぐる回りである。この輪廻は無限に続く。

私は無限の過去から輪廻していて、放っておけば今後も無限に輪廻する。次にどこに生まれるかは、それまでにやってきた過去の行いによって決まるのだが、そのメカニズムは普通の人には理解できないと言われている。だからどこに生まれるかは不確定である。

一番奇妙なのは、生まれ変わったら、過去の記憶は残らないということ。だから私は、自分が前世でなんであったか知らないし、次に生まれ変わったら、今の自分を忘れている。続いているような、切れているような、そんなあいまいな連続性で生命の流れを考える、それが輪廻である。

これは釈迦が考えたものではなく、当時の多くのインド人が認めていた一般的世界観である。もちろん釈迦も認めていただろう。釈迦は、その世界観を枠組みとして、その中に、自分独自の合理性を組み込んでいったのだ。

普通、輪廻を信じている人ならば、「なんとかして次はもっといいところに生まれ変わりたい」と願う。つまり輪廻は、今よりもっと幸福になる可能性を秘めた「好ましい働き」なのだ。しかし釈迦は、そうは考えなかった。あやふやな連続性の中で、死んでは生まれ、死んでは生まれ、それを無限に繰り返すことが私たちの真の幸福であるはずがない。生きていくということは、本質的に「苦しみ」なのだ。生きるということは、年を取りながら死に向かっていくということだ。その苦しみを断ち切るところにこそ、真の安らぎがある。「もう私は輪廻することがない。これで苦しみの連続も終わる」という確信が、その安らぎをもたらしてくれると考えた。そして、輪廻の終了を確信するための方法を、修行というかたちで説き示したのである。

私は釈迦の信者だが、輪廻の実在性は信じない。つまり、「もはや輪廻しない」という確信こそが真の安らぎをもたらすという、釈迦の精神は尊敬するが、「天の神様」や「地獄の亡者」が実在すると考える、その時代のインド人の世界観を丸ごと鵜呑みにはしないということである。

第二五話　輪廻の世界観を削ぎ落した先に

人は一生の間に、一体どれくらいの人と出会うのだろう。街ですれ違うだけの人から、人生を共に歩む人まで、出会いの深さは様々である。しかしそこには必ず、なんらかの繫がりがある。良い人に出会うと「過去にもどこかで会ったことがあるんじゃないか」という気がする。こういう目に見えぬ繫がりを「ご縁」という。ご縁は、科学的理論ではないが、私にとっての個人的実感である。

だが、「過去があるように思う」という感覚を、輪廻という具体的な世界像にまで広げると、とたんにインチキ臭くなる。宙を舞う神様とか、血の池でアップアップの地獄の亡者がどこかにいると、一体どうしたら信じることができるのか。輪廻の世界は、明らかに人間が頭の中でこしらえたイメージである。輪廻を信じるというのは、そういった明らかに作りものの世界が、この世のどこかに本当にあると、心底信じることなのだ。

知らない人が勝手にこしらえた世界を「へへーっ」と押し頂かねばならないなら、仏教から足を洗った方がましだ。自分が実感として納得できる世界と、押し付けられた作り物の世界、この二つは全く別物だが、境界線は曖昧だ。人は知らぬ間に、そこを越えて、作り物の世界に足を踏み入れていく。

釈迦は、「輪廻はある」と考える古代インドで、合理的に生きる道を思案した。だから彼の教えには輪廻の考えが入っている。当時としてはあたりまえのことだ。だが、現代社会では全く説得力がない。今、無理に輪廻を語ろうとすると、「必ず地獄に落ちるぞ」とか「今の不幸は過去の報いだ」といった脅し文句で人を縛り付けて、恐怖心で説得するしか方法がない。それは不幸の種である。では、釈迦の教えから輪廻をとってしまったら、なにが残るか。

残るのは、「努力によって精神を集中し、その力で智慧を獲得せよ。そうすれば必ず、世界を正しく理解できる。世界を正しく見ることができれば、利己的妄念から生ずる心の苦しみを消すことができる」という教えである。それだけが釈迦の発見であり、そこにこそ、仏教が現代世界に発信することのできる、普遍的真理が示されているのである。

第二六話　日々の歩みの手引きとして

「この世で一番大切なものはなにか」とたずねられたら、私ならば「子ども」と答える。子を持つ親の気持ちは、実際に自分の子を抱いてみて初めて分かった。自分の命と引き換えにしても少しも惜しくない存在があることに、その時気づいて、我ながら驚いた。

「この世で一番感謝している人は誰か」と問われたら、答えは「両親」である。好き放題、わがままな道を進んだ私を、ニコニコ笑って励ましてくれた父は数年前に逝ったが、本当は陰で泣いていたのだと母から聞かされて切なかった。私は子どもをなにより大切だと思うが、私の親もまた、私のことを同じように大切に思ってくれた。その気持ちが分かるから、感謝の思いが止まらないのである。

そして親に感謝すれば、親の親、そのまた親にも感謝の念が湧く。会ったこともないけれど、遠い時間を隔てて、その情愛がほのかに伝わってくる。「ご先祖様を大切に」などと標語のように言われるとしらけるが、実感として、今の私を支えてくれている先祖の思いをいつも感じている。私を守ってくれている不思議な存在は確かにあるのだ。

だがしかし、私はそれを「仏教の教え」だとは考えない。仏教だろうが、なに教だろうが、親に感謝し、先祖を尊敬し、子どもを大切に思うのは人としてあたりまえのことだ。あたりまえのことを取り上げて、ことさらに「仏教だ仏教だ」と言うのは筋が違う。それならば別に仏教でなくてもいいではないか。

仏教には、仏教にしかない、特別な教えがある。私が語りたいのは、そういう、「あたりまえ仏教」の奥にある、釈迦がこの世で初めて見つけた特別な真理としての仏教である。人はなにか大きな力に守られているかもしれないし、守られていないかもしれない。しかし、いずれにしろ、日々歩むのは自分である。その思いなくしてどうやって長い人生をまっとうできようか。その歩みのための特別な手引きが、釈迦の教えなのである。

第二七話　本道を歩き、ちょっと遊ぶ

小学校の行き帰りは、田んぼの一本道が決められた通学路だったが、わざと遠回りして道草しながら帰るのが面白かった。駄菓子屋で買ったイモ飴やニッキ玉を食べ食べ、森の中や河川敷をブラリンブラリン、何時間もかけて帰って、家に着くと、口のまわりの着色料を親にさとられないよう、うつむき加減で駆け込んだ。こんな道草の経験が、私の人格形成に素晴らしい効果を与えたとは思わないが、いつまでも消えない郷愁は、目の前の現実生活のトゲトゲをうっすらと和らげてくれる。

世の中には、多くの迷信や神秘主義が溢《あふ》れている。それは釈迦の教えとは関係のない、別次元の現象だが、ある程度なら生活の潤滑剤になる。「血液型占い」など本気で信じてはいないが、朝のテレビでやっているのを見ると、つい「AB型一番。今日はいいことあるかも」と喜んだりする。こういう「遊び」がないと、人の生活は息苦しくなる。「学生の本分は、学校で勉強することだ」という理念をまじめにとれば、道草などもってのほかだが、道草しない子どもの心は潤いがなくなる。このことは釈迦も分かっていて、「仏教の本質に関わらないことなら、迷信もある程度は容認せよ」と弟子たちに言っていた。

問題は、その限度である。道草は楽しいが、あくまで本分あっての道草である。学校に行かずに初めから道草していたのでは、もはや笑い事ではすまない。本筋と「遊び」をはっきり区別して考えることが大切だ。

私たちは、生きていく間に、いろいろなことを決断していかねばならないが、そんな時に一番大事なのは「最も道理に合った道を選ぶ」という思いである。そして、そういう道を選ぶための力は、「遊び」だけでは身につかない。自分で智慧を磨くという本筋の訓練がどうしても必要となる。智慧の力で合理的に生きながら、「あすの運勢」を見てちょっとうれしくなる、それが最も仏教的な生き方なのかもしれない。

釈迦が「ある程度の迷信なら容認していた」と言ったが、その例としておもしろい話があるので、続けて紹介しよう。

第二八話　道草としての迷信

昔の人は、呼吸する息の中に生命が宿っていると考えていた。「息をひきとる」という表現からもそれが分かるだろう。ところでくしゃみは「ハクション」といって、その息が大きく乱れる現象だから、命に関わる不吉なものとして嫌われた。この点は古代インドも同様で、人がくしゃみをしたら、周りの人は必ず、「どうぞ長生きを」という厄払いの言葉を言うのが決まりだったのだ。そして、言われた本人は、「皆様も長生きを」という言葉を返すのが礼儀であった。

これはもちろん迷信だ。

ある日、釈迦が弟子たちに説法している最中、くしゃみをした（釈迦も人間だ）。すると弟子たちが口々に「どうぞ長生きを」「どうぞ長生きを」と言ったため、うるさくて説法ができなくなった。怒った釈迦は「そんな迷信を信じてどうする。これからはくしゃみをしても何も言うな」と命じた。だからそれ以来、弟子たちは誰かがくしゃみをしても、知らぬ顔で無視するようになった。

ところがある時、その弟子の一人が在家信者さんたちの前で教えを説いている時、くしゃみをしたのである。なにも知らない信者さんたちは口々に「どうぞ長生きを」と唱えたが、弟子の方は釈迦の教えを守って、何も言わなかった。礼儀としての返事をしなかったのである。それで在家の人びとは怒った。「釈迦の弟子は礼儀知らずだ。あんな連中とはもう付き合わない」と息巻いたのである。これを知った釈迦は、「迷信であっても、信者の人たちとの関係をスムーズにするものなら、従うことを許す。これからは、くしゃみをした時には、ちゃんと返礼せよ」と命じたという。

つまり、仏教の本義に関わらない、つまらない迷信なら、社会の潤滑役として認めるということである。本筋さえ押さえていれば、多少の道草はよかろうと、釈迦も考えていたのだ。

第二九話　自分で自分を変えてゆく

たいていの宗教には、理想の人物像がある。キリスト教やイスラム教ならば、神の存在を確信し、その言葉に背かぬよう自己を律し、禁欲的に生きる人である。日本の神道なら、森羅万象の神々を心に感じとり、畏敬の念をもって、その神様たちと共に生きていく人を理想とする。では釈迦の教えを信じて修行を積んだら、人はどういう姿になるのか。

自分を向上させるために毎日鍛錬するのだから、立派な人になることは間違いない。しかし一口に「立派な人」と言っても内容は千差万別である。アインシュタインのように頭のいい人。チャーチルのように統率力のある人。マザー・テレサのように慈悲深い人。ゴッホのように心打つ画を描く人。それぞれに立派な人だが、お坊さんが、瞑想したからといって立派な政治家や画家になることはない。仏教が理想とする立派な人とは、自分の本当の有りようを正確に把握し、雑念に惑わされない確固とした自己を確立した人を指す。簡単に言えば、道理が分かって、物に動じない人である。

では、どうやったら、そのような理想像に近づくことができるのか。釈迦は、「一歩ずつ自分の力で進め」と言った。釈迦の教えを手本として、自分で自分を変えていくのである。

神秘的な存在を信じなくても、普通の生活の中に、理想へとつながる道が見えている。たとえ最終ゴールに到達して「悟り」を開くことは無理にしても、昨日より今日、今日よりは明日と、誰もが自力で、着実に先へ進むことのできる、天下の公道である。その道のことを、仏教というのだ。

出家した僧侶なら、最終目標の「悟り」を目指すのが当然だが、一般の社会人には難しい。しかし、「悟れなければ修行する意味がない」などと考える必要はない。「少しずつでも、自分はよい方向に進んでいる」という思いは、それだけで人生の素敵な財産である。理想を求めつつ、現実の一歩一歩を大切に歩む。気がつけばそれが、釈迦の教えの実践になっているのである。

第三〇話　精神の内なる神秘

この世に神秘はあるか。私の意見を言おう。「過去や未来が見える」とか「霊の存在を感じる」といった話は、語り手の心情によるあやふやな情報なので、信頼しない。私自身は「自分を守ってくれる強い力」を感じているが、それは私一人が心で感じる神秘であり、他人に言っても意味がないので、詳細は決して語らない。まして「君も信じなさい」などと人に強要したりはしない。そういう意味では、私は、外界の神秘現象を否定するガチガチの合理主義者である。

しかしその一方で、精神内部の神秘というものは絶対にあると強く主張する。その例として、一〇〇年ほど前に活躍したインド人数学者シュリニヴァーサ・ラマヌジャン

（一八八七―一九二〇）を挙げよう。

劣悪な教育環境のせいで正規の高等数学教育を受けられなかった彼は、チェンナイ（マドラス）で港湾事務員をしながら、独学で数学世界を切り開く。それが、不思議な縁でイギリスの大数学者ハーディーに認められてケンブリッジ大学に渡り、学者として猛烈なダッシュをするのだが、病魔に冒され三二歳で亡くなる。その間に彼が独力で発見した数学の重要定理は数知れず。しかも恐るべきことに、ラマヌジャン自身、その定理をどうやって発見したのか説明できないのである。「心の中の女神が教えてくれる」のだそうだ。

世界の数学者が束になっても見つからないような定理が、彼の頭にはフワリと浮かぶのである。それも次から次に。それらの定理は万人が納得する数学的真理であり、そこには神秘の影もない。しかし、その真理は、神秘的な道を通って彼の頭の中に現れてくる。

「つまり、本当の神秘とは、世の真理を一瞬で悟る、その精神の働きにこそある。「うーん」とうなって精神を集中した時、人の心には、普段の生活では絶対得られない強い理解力が生じ、それが真理を教えてくれる。普遍的な真理を生み出すことのできる神秘。

すなわち「間違いのない神秘」である。仏教に神秘はあるが、それはこのような、精神内部の神秘なのだ。

第三二話　相補する科学と仏教

仏教は、理想の生き方を目指して特殊な修練をするという点からいえば宗教のひとつだが、キリスト教やイスラム教のように、絶対的な神は認めない。だから「神のお告げ」というものがない。しっかり坐って考えて真理を悟る。それはすべて自分がやること。外の誰かが答えを教えてくれるのではない。

「その真理とは、原因と結果によって世界が動いていくという因果の法則だ」と釈迦は言うが、それは一人一人の心の中の法則性なので、耳で聞いて、「はいそうですか」と簡単に理解できるものではない。それを実感として体得するには、自分も釈迦と同じ体験をするしかない。そこに修行の意味がある。

このように仏教は、心の中の法則を探求する宗教なのだが、これとちょうど対になる分野が科学である。科学の目的も仏教と同じく、世界の法則を発見することにある。ただそれが外部にある物質世界の法則だという点に、仏教との違いがある。仏教は智慧の力で「心の法則」を探求し、科学は智慧の力で「物質世界の法則」を探求する。仏教と科学は、互いに補い合い、尊敬し合うことのできる、同じ次元の領域なのである。

ところが残念なことに、「宗教」の名のもと、キリスト教などの絶対神信仰とひとくくりにされて、仏教の持つ素晴らしい合理性はいつも陰に隠れてしまう。二〇〇六年、リチャード・ドーキンスという有名な生物学者が、キリスト教を批判して『神は妄想である』（邦訳・早川書房、二〇〇七）という本を書いたが、その邦訳書につけられた副題が「宗教との決別」である。誰がつけたのか知らないが、こういういい加減な理解は本当に困る。ドーキンスが批判しているのは、科学的思考を妨害するキリスト教的信仰世界であって、それは釈迦の仏教とは全く関係がない。

科学と決別するどころか、これからいよいよ科学との連携が深まるに違いない、仏教という「宗教」があるということを忘れてもらっては困るのである。

第三二話　**科学と仏教の接点**

先日、大阪大学の脳科学者藤田一郎氏が、私をセミナーの講師に呼んでくださった。私が書いた『犀《さい》の角《つの》たち』（大蔵《だいぞう》出版、二〇〇六）という、科学と仏教の共通性に関する本を藤田氏がたまたま読んで、とても面白いと評価してくださったのがご縁である。理系の教授陣と大学院生五〇人を前にして話を始めた時、胸が熱くなった。講演の機会は多いが、今回は特別中の特別、私には晴れの日なのである。

以前話したように、私は若い頃、科学者を志したのだが、いろいろあって仏教学に方向転換した。科学の世界から遠ざかって三〇年になる。ところが、「仏教は面白い、仏教学はカッコいい」とまっしぐらに進んできて、仏教の本質が次第に見えてきた時、その徹底した合理精神が実は科学の世界と同じものだと気づいた。ぐるり回って、全く別だと思っていた二つの道が、一つに繋がったのである。

この発見は私の人生で最大のサプライズだが、他の人に簡単に分かってもらえるものでもない。「科学と仏教の共通性」などと言うと、たいていは「怪しい神秘論」だと思われてしまう。本物の科学者に認めてもらえなければ、私の思いもうたかたの夢と消える。

そんな時に、藤田氏からセミナーへのお誘いが来た。仏教学者が、科学者の前で、仏教と科学について話をするというのは希有なことだ。私にとって晴れの日だという意味がお分かりいただけるだろう。

セミナーは、もちろん素晴らしい時間だった。理系も文系もない、ただひたすら「ものの真実を知りたい」という思いがひとつになり、話し手と聞き手が一体化して、熱い討論の輪がひろがっていく。与えられた二時間という枠が本当にあっという間に過ぎてしまった。仏教と科学は、決して対立するものではなく、同じ立場に立つ活動だということを理解してもらえたのがなによりうれしい。

藤田先生、今度は仏教学者の前で脳科学の話をお願いします。

第三三話　求道の志で世界へ出よ

国の勢いがなくなったせいだろうか、世界の一流を目指して海外に飛び出す人が減ったように思う。最近では、理科系の中にさえ、「留学なんかしなくても、日本にいて勉強すればいいじゃないか」と考える人が増えているらしいが、それでは困る。仮に「自分の専門分野では、日本が最先端だ」と思っていても、もう一歩上を目指して外に飛び出す。そういう心意気がなければ一流は無理だ。世界の頭脳がしのぎを削る科学の分野で、「日本にいればいいや」などと腰を落ち着けていると、たとえ日本がリードしている分野であっても、あっという間にビリッケツになる。海外留学はいつだって日本の命綱なのである。

昔の僧侶は、よく旅をした。広大なアジアの大地には無数の仏教僧団が点在していたが、「どこそこによい先生がいる」「なになにというお寺に立派な学僧が集まっている」と聞けば、わずかな日用品と托鉢のための鉢ひとつ抱えて、即座に旅に出る。山を越え、荒野を渡り、食料を近傍の人々から分けてもらいながらの命がけの旅である。「西遊記」の三蔵法師（玄奘《げんじょう》）など、経典を求めてインドに渡り、帰ったのは一七年後だった。運が悪ければ、盗賊に殺されることもある。連日の野宿で、病死することも多い。それでも彼らが歩み続けたのは、「自分をもっと高めたい」という、求道の気概があったからである。その思いが、仏教を世界に広めたのだ。

世の真理を探究するという点で、仏教と科学が同じ次元にあることを何度も強調してきた。どちらも、高い理想と強い意志が生み出す世界である。真理探究のため、身命を賭《と》して突き進む科学者たちの姿が、私には、釈迦の姿と重なって見える。どちらも私にはあこがれなのだ。

「科学の国、日本」と言われたい。そのためには、とにかく外に出ることだ。三蔵法師の志が、日本の若き科学者たちの心に宿ることを祈念している。

第三四話　仏教僧団は年功序列

バブル崩壊後は、日本も様変わりして、能力主義で人の序列を決めるケースが多くなってきた。厳しい競争にさらされている国際社会では当然のことだ。とにかく有能な人がトップに立ってかじ取りをしなければ会社も国家も生き残れない。年功序列の、のんきな人事ではとても持たないということである。

ところが、その年功序列で二五〇〇年間続いてきた団体がある。仏教の僧団である。今の日本にはもうないが、スリランカや東南アジアには、お釈迦様時代の規則をそのまま守って修行している坊さんたちの集団がいくつもある。そしてその規則によれば、寺の中の序列は、全くの年功制。「坊さんになってからの日数」だけで上下が決まる。

まじめで立派でみんなに尊敬されて、どんなに素晴らしくても、お坊さんになって日の浅い人は下座である。逆に、修行などしないぐうたら坊主でも、年さえとれば上座に坐る。そんないい加減な決め方では皆が納得しないのではないか、と思うかもしれないが、かえってそれだからこそ誰もが納得する。

上下関係が、本人の資質や能力とは関係のない、出家してからの日数というつまらない基準で決まっていると、上下関係そのものがつまらないものになる。上座に坐ることに意味がなくなるから、人を押しのけて上に昇ろうという欲望が起きない。序列は単に、僧団運営を円滑化するための方便にすぎない。自己を見つめ、心の煩悩と戦うために出家した僧侶の生活に、世俗的な上下関係は邪魔である。闘争なき集団統制システム。それがこの「つまらない基準で決まる序列制」である。

このシステムで、ライバル会社との競争に勝つのは無理かもしれないが、こういう集団にいるメンバーの心は、ほっこり安らいでくるだろう。能力万能主義の現代に、穏やかに存続することを目的とする団体があってもいいのではないか。一人ひとりのメンバーが、周りを気にせず自分の課題に没頭することにより、はじめて、すぐれた成果を出すことのできる集団というものもあるはずだ。仏教は、そのよい手本を示してくれるのである。

第三五話　お寺の中の教育システム

お釈迦様の時代、志を立てた人が坊さんになり、寺の修行生活に入った場合、まず最初に何をするか。木の下で瞑想するとか、お経を読んで仏教哲学を学ぶとか、そういった坊さんらしいことはずっとあとの話。真っ先にしなければならないのは、寺の中で共同生活を送るための規則を覚えることである。仏教では、「律《りつ》」と呼ばれる、僧侶のための特別な法律が決まっていて、全員が、その律に従って整然と行動することが義務づけられているのだ。

律の規則は重要なものだけで二五〇近くある。「泥棒するな」「人を殺すな」といったあたりまえのことから、「半月に一回以上沐浴するな」「必要以上に大きな座布団を所有するな」といった特殊なきまりまで、内容は様々。それを全部覚える。ほかにも日々の細かい作法がびっしり決まっていて、一つも破らないよう、毎日の行動パターンを体で覚えていく。人並みにきちんと生活するという、ごく普通のことから、すべては始まるのである。

全く新しい生活に入るのだから、独力ですべてを学ぶのは難しい。それで、先輩が後輩を指導するという教育システムが採用される。その指導役の先生のことを「和尚《おしょう》」という。新米の坊さんは、自分の和尚のそばに朝から晩まで付き従って、坊さんとしての生活方法を教えてもらうのである。

規則の勉強が済んだら、いよいよ釈迦の思想や瞑想の方法といった本筋の勉強に入る。それも皆、和尚から教わる。もし和尚の都合が悪くて教えてもらえない時は、別の専門家のところへ行って習う。その、科目別教師のことを「阿闍梨《あじゃり》」という。これが「和尚」や「阿闍梨」の本来の意味である。

こうして新参の弟子は、和尚や阿闍梨から修行生活の万端を学び、少しずつ僧侶らしくなっていく。この義務教育期間は、なんと五年も続く。人は五年間みっちり教育されて、やっと一人前の坊さんとして自立できるのである。

仏教の土台に、こういう緻密な教育制度があることはあまり知られていない。だが、こういった地道で着実な努力によって新人をゆっくり育てあげていくことで、はじめて、釈迦の教えも美しく花開くのである。

第三六話　僧団は法治社会

仏教は本来、教育をとても重視する。新米のお坊さんが、和尚や阿闍梨と呼ばれる先生の下で何年もの間、義務教育を受けねばならないということは前話で紹介した。弟子にとっては、そういった先生の教えが、修行を続けていくための、なにより大切な拠りどころなのである。

しかし、だからといって先生の言葉が絶対なのではない。宗教界の師弟関係というと、師匠が絶対の力を持ち、「人を殺せ」と言えば、弟子は「はい分かりました」と言って平気で人殺しをする、そんな狂信者たちの姿を思い浮かべるかもしれない。だが、釈迦時代の仏教にそういうことはなかった。出家者には律という独自の法律が決まっていて、先生の言葉よりも、その法律が優先されたのである。

そこにはたとえば、「人を殺すな」と書いてある。もし殺したら、仏教の修行世界から永久追放になる。だから僧侶は、どんなことがあっても人は殺せない。たとえ先生が「殺せ」と言っても絶対に殺せないのである。「暴力を振るうな」とも書いてあるから、どんな理由でも人に手を上げることはできない。先生が愛の鞭で弟子をひっぱたくことなども許されない。決まりを守らない場合は、相応の罰が与えられる。僧団の内部は、法律がすべてに優先する、完全な法治社会だったのである。

たちの悪い先生がいて、なにか罪を犯し、それを隠していたとする。だが、その現場を弟子が見ていた。弟子は先生の秘密を知っている。この、サスペンスドラマ的状況で、弟子はどうしたらよいのか。そのこともちゃんと仏教の法律に書いてある。弟子は先生に向かって、「先生、あなたのやったことは犯罪です。そのことをきちんと公にして、相応の罰を受けてください。それが修行者としての正しい道です」と言って説得しなければならない。弟子が先生を導くのである。

教育は服従ではない。教育とは、教える者と学ぶ者が共に成長する、相互扶助の活動だということを、古代インドの仏教は知っていたのである。

第三七話　**断片を積み上げたとき初めて**

私は福井県の生まれで、藤島高校の卒業生だが、担任に伊藤昭三という先生がおられた。朝は学生より早く来てトイレを磨き、愉快な授業をして、熱心に進路指導して、大学受験の時は駅まで見送りに来てくださった。「いい先生だなあ」と敬愛していた。

私たち教え子が四五歳になった二〇〇二年、盛大な同窓会を開いたが、先生は、その直前に病気で亡くなっていた。普通なら、みんなで思い出話をして、「そういえばそんなこともあったよな」とひとしきり懐かしがってお開きである。ところがそうはならなかった。一人一人が、先生から受けたご恩の話を披露すると、中身がみんな違っていたのである。

進路の悩み、家庭の事情、就職、結婚……先生が一人一人の人生を見守り、大切に慈しんでくれていたことを知り、「そんなことまでしてくれていたのか」と一堂のみなが驚いた。それぞれ「自分こそが誰よりもお世話になった」と思っていたのに、話をしてみると、実は全員がそう思っていたのである。しかも先生は、それを誰にも言わなかった。

先生のありがたさは、トイレ掃除どころではなかったのだ。一体、先生は、我々のためにどれだけ人生の時間とエネルギーを使ってくれたのか。本当のありがたさは、存命中、誰も知らなかった。あとでみんなが話を持ち寄って、断片をつないでみて、その時初めて、その真の姿に気づいて呆然としたのである。

釈迦は四〇年間、教えを説いてまわったが、中身はすべて断片的なものである。なぜなら、その時々、目の前にいる一人一人のことを考えて説いたからだ。亡くなって、弟子が集まってその教えをまとめた時に初めて、釈迦の本当の偉大さが見えてきた。

釈迦と並べられると、照れ屋の伊藤先生は困惑するだろう。だが本質は同じだ。人の偉さは、一時の華々しさではなく、日々の誠実さを一つずつ積み上げていく、その確固とした道程に現れるのである。

第三八話　合理性と情愛で支えあう

お布施やまじないで病気が治る、というのは迷信である。だが、なにしろ病気というものは、私たちの思いと裏腹に身を蝕《むしば》んでいくものだから、やり場のない怒りや絶望で心は一杯になり、最後は藁《わら》をもつかみたくなる。人の情として当然のことだ。

一方仏教は、「ものに動じない心」を目指す。どんな時にも合理的であれ、と説くのである。だから仏教は、変な迷信にすがりつくことを禁じる。

ではもし人が出家して修行を積み、ものに動じなくなったら、その坊さんは、病気で苦しむ家族を前にしても顔色ひとつ変えず、「お気の毒なことです」などと冷たく言い放つのだろうか。それが仏教だというならば、仏教とは誠に冷酷な宗教である。悟りのために人の情さえ投げ捨てる、無情の宗教ということになるのか。「釈迦の仏教は自分のことしか考えない利己的な宗教だ」と言われることがあるが、それはこういう誤解が原因である。

「出家」と聞くと、それまでの生活を全部切り捨て、別世界に没入していくというイメージが湧くが、それは間違いである。実際には、出家したあとも、お坊さんと、元の家族との縁はずっと続く。毎日、実家へ托鉢に行って、家族からご飯をもらうことはちっとも構わない。「出家した息子は元気かいな」と両親が寺へやって来れば、そこで家族団欒のひと時となる。そして、親が病気になって倒れたら、たとえ出家の身であっても親元に帰り、最後まで看病する。

釈迦は、「悟りのために家族の情愛を捨てよ」などとは決して言わなかった。ものに動じない心とは、情愛に反応しない冷酷な心という意味ではない。なにがあっても合理的思考に背かない心、怪しい神秘を人生の拠りどころにしない心、それが、「ものに動じない」ということの真意である。だから、家族が病気になったなら、まじないや祈禱《きとう》ではなく、病気を治すために必要な本当の方法で徹底的に看病する。それが「ものに動じない心」を持つ人の姿である。

互いが、純然たる合理精神と深い情愛によって支えあう、そこに、仏教が理想とする出家と在家の関係がある。

第三九話　死に際で判断するな

私たちは、「立派な人は立派な死に方をする」と思いがちだが、それは危険なことである。釈迦の死因をご存じか？　ただの食中毒。年老いて八〇にもなり、粗末な生活の中、暑いインドをテクテクと歩き回っていれば、誰だって食あたりになる。おなかをこわした釈迦は、次第に体力を消耗し、そのまま亡くなった。仏教という、世界に類のない知恵深い宗教をつくった釈迦のような人物でも、死ぬときは普通に食中毒で死んだのである。

死に際の良し悪しは運の問題だ。心根《こころね》の悪い人や愚かな人でも、運がよければきれいな死に方をする。誠実に生きても、運悪く痛みの激しい病にかかれば、泣いたりわめいたりしなければならない。それは、その人の価値とはなんの関係もない、ただの偶然である。

最後の最後、つらい病に耐えかねて「痛い、苦しい、助けてくれ」と叫ぶのは、私自身の、将来の姿かもしれないが、だからといってそれで、私の人生が「情けない人生であった」ことにはならない。苦しさのあまり、なにか怪しい神秘にすがりたいと思うかもしれないが、ちっとも構わない。その思いが私の生き方のおおもとではないからだ。私の生き方は、今ここにいる私の、この姿である。

死に際の姿で人を判断するなかれ。人生の意味は、その人生の全体にある。長く続く日常の中で、毎日積み重ねていくわずかばかりの行いや思いが少しずつ積もって、自分でも気づかぬうちに人生を形づくっていく。たとえ最期が悲惨であったり、苦しいものであったとしても、そんなことですべてが否定されるほど、人の一生は薄っぺらではない。

死にゆく者も、送る者も、そのことを心に掛けておいてほしい。安らかに逝く人の姿は素敵だが、それよりも、誇りをもって自分の正しい生き方を決めていく人の姿の方がもっと素晴らしい。なぜならそれは、運不運とは関係ない、その人の本質的な思いを映し出すものだからである。

第四〇話　自殺は悪ではない

この世にはつらいことがたくさんあって、普段、我々はそれを、こまごました楽しみで紛《まぎ》らせたり、打ち明け話でガス抜きしたりして、なんとかしのぎながら生きている。

しかし時には、どうやっても、そのつらさを回避できないことがある。病気や金銭の問題、失恋や将来への不安といった深刻なことだけでなく、まわりから見るとまったくささいなことなのに、本人には身を削られるほどの苦痛となるいろいろな原因が、人を袋小路に追い込んでいく。

そのような人が、もし仮に、自分で自分の命を絶ったとしたら、それは悪事であろうか。一部のキリスト教やイスラム教では、せっかく神が与えてくださった命を勝手に断ち切るのだから、それは神への裏切り行為として罪悪視される。自殺者は犯罪者である。

では仏教ならどうか。仏教は本来、我々をコントロールする超越者を認めないから、自殺を誰かに詫びる必要などない。確かに寂しくて悲しい行為ではあるが、それが罪悪視されることはない。仏教では煩悩と結びつくものを「悪」と言うのだが、自殺は煩悩と無関係なので悪ではないのである。ただそれは、せっかく人として生まれて自分を向上させるチャンスがあるのに、それをみすみす逃すという点で、「もったいない行為」なのだ。

人は自殺などすべきではないし、他者の自殺を見過ごしにすべきでもない。この世から自殺の悲しみがなくなることを、常に願い続けねばならない。しかしながら、その一方で、自分の命を絶つという行為が誇りある一つの決断だということも、理解しなければならない。人が強い苦悩の中、最後に意を決して一歩を踏み出した、その時の心を、生き残った者が、勝手に貶《おとし》めたり軽んじたりすることなどできないのだ。

自殺は、本人にとっても、残された者にとっても、つらくて悲しくて残酷でやるせないものだが、そこには、罪悪も過失もない。弱さや愚かさもない。あるのは、一人の人の、やむにやまれぬ決断と、胸詰まる永遠の別れだけなのである。

第四一話　決して殺さない

「キリスト教やイスラム教は自殺を罪悪視する」と書いたら、「ではなぜイスラム過激派は自爆テロという自殺をするのか」と訊かれた。もっともな質問だ。

確かにイスラム教は自殺を禁じているが、自爆テロは、イスラム教の敵を倒すための戦いなので許されるのである。アッラーは人民に「自殺するな」と命じているが、その一方で、イスラムに敵対する者がいる場合は、命がけで戦え、とも言っている。自爆テロを行う過激派は自分の行為を、自殺ではなく、イスラムの敵を倒すための聖戦だと考えているから、迷うことなく自決するのである。

彼らにとっての最高の善とは、神との約束を忠実に守ることであり、それは将来、天国に生まれるという永遠の幸せとなって報われる。したがって、一般社会の道徳や法律は、その下に来る低レベルの善である。自爆テロは、多くの罪のない人を巻き添えにする。それは道徳的にも法的にも許されない犯罪行為であるが、しかしそういった価値観を超えて、「神への服従」という最高の善があるので、過激派はその善を選択するのだ。

絶対者を信仰する宗教では、その絶対者との約束が最も重要なので、約束を守るためならば暴力も時として善になる。そこに「宗教の怖さ」の根源がある。しかし釈迦の仏教のように、絶対者を認めない宗教では、他者を傷つけてまで守るべきものなどなにもない。自爆テロをしても、褒めてくれる神はどこにもいないのである。

仏教の場合、その唯一の拠りどころは、日々の向上を目指す自分自身だから、守るべきは唯一、自己の清廉さのみ。「自己を正しく保つこと」がこの世で最高の善となるのだ。したがって釈迦の仏教を守る人は「決して殺さない」。

釈迦の素晴らしさばかり繰り返すので、私のことを仏教原理主義者と呼ぶ人もいるが、とてもうれしい。仏教の場合、原理に戻れば戻るほど、それは穏やかな非暴力の世界になっていくからである。

第四二話　**世間の片隅で、ただそっと**

お釈迦様の名前はゴータマで、「釈迦」というのは本名ではない。生まれが釈迦族という一族なので、それにちなんで釈迦牟尼《しやかむに》、あるいは釈迦と呼ばれるようになった。「釈迦族出の立派な人」といった意味合いである。

その釈迦族だが、大昔、お釈迦様存命中に滅びてしまった。隣国に攻められて皆殺しになったのである。隣国の王は、お釈迦様のことは尊敬していて、一切危害を加えなかったが、釈迦族の人たちのことは大嫌いで、徹底的に殺した。釈迦はそれを、じっと見ながら、ひたすら耐えたのである。

仏教は「すぐれた人間性」を目指す。ただし、そのすぐれた人間性とは、各人がそれぞれの人生を着実に生きていく、その生き方が完成しているという点で「すぐれて」いるのであって、超人的にすべての面ですぐれているという意味ではない。政治的に活躍するとか、社会活動で立派な仕事をするといった、そういう社会の動きと関係する領域には関わりを持たないのだ。

これは意外なことかもしれないが、仏教は本来、非社会的な宗教である。世間の片隅で、「私はどう生きていったらよいのか」と思い悩む人々をそっと受け入れ、そっと育てる。そこに仏教の存在価値がある。

もしも仏教が、社会にうって出る攻撃的な宗教であったなら、一族が皆殺しになるのを見て釈迦が黙っているはずがない。立場を利用して政治的に圧力をかけたり、メンバーに武器を持たせて反撃したり、方策はいろいろあったはずである。しかしそれをしたら、その宗教は仏教でなくなってしまう。釈迦はそのことを知っていて、ただじっと悲しみに耐えたのだ。

「仏教的なものの見方をベースにして、社会的な問題を考えていく」というのなら、それは素晴らしいことだ。しかし、仏教自身が、社会的発言力を持って政治に口をはさむことは許されない。俗世の雑事を免除され、信者のお布施で食べていくという、きわめて恵まれた環境にある仏教が、政《まつりごと》にも口を出すというのは図々しく傲慢なことなのだ。釈迦族滅亡の話は、なんとも割り切れない後味の悪さを含んでいるが、そこにこめられた「仏教は政治に関わることができない」というメッセージは、しっかり読み取っておかねばならない。

第四三話

仏教の盛衰は僧侶の品格次第

考えてみれば、僧侶というのは奇妙な存在だ。普通の人なら朝から晩まで働いて、それでなんとか日々の生計を立てていくものなのに、そういう堅気《かたぎ》の生活を放り出して、「自分を高める」などという破天荒な目標に一生をかけるのだから無鉄砲である。しかも毎日のご飯は、仕事をしている一般人からのお布施で賄《まかな》おうというのだから虫がいい。

無鉄砲で虫がいいことなど、この世にまかり通るはずがないのに、この出家という行為は、二五〇〇年間、東アジア全域で営々と続いてきた。その理由は、「出家した人は、出家していない人よりも、人格が高貴で、行動が誠実で、智慧がある」と皆が考えてきたからである。そしてまた実際に、多くの僧侶がそういう姿を皆に示してきたのである。

この世に仏教が成り立つためには、「お坊さんは普通の人より立派だ」という社会通念が絶対必要である。立派だからこそ、お布施をあげる価値がある。僧侶とは本来、丸裸の自分の存在そのものが評価の対象となる、非常に厳しい生き方なのだ。

社会からの布施がなければ、仏教という宗教は成り立たない。その布施がもらえるかどうかは、僧侶の品格次第。ということは、仏教の栄枯盛衰はすべて、その時々の僧侶の質にかかっていることになる。

現代社会の教育水準は随分高い。仏教を見る人々の目も厳しくなっている。いい加減な気持ちでいるとすぐに見抜かれる。今はまだ檀家制度の名残でなんとかもっているが、やがては僧侶一人ひとりの資質や、個々の教団の姿勢が、直接てんびんにかけられる日がくる。大変だが、面白い時代でもある。

外から評価される緊張感が、僧侶の修練に磨きをかける。それが結局は、仏教という宗教の地固めになる。人々の目が仏教を育てるのだ。仏教を生かすのか殺すのか、その決定権と責任は、お布施をする信者側にあるという点が肝心なのである。

第四四話　「絶対に正しい」という危険

仏教の行く末を決めるのは僧侶の質だと、前話で言った。檀家制度が崩れると、お坊さんを見る社会の目は厳しくなるから、まじめに質素に暮らすことが僧侶の必須条件となってくる。世間の目を意識することで、出家者の質がおのずから向上するのである。

それは素晴らしいことだと思うが、そこにはひとつだけ問題がある。仏教があまりにも世間の目を気にしすぎると、世の中のゆがみに流される危険性が出てくるのだ。

第二次大戦中、日本は戦争色に染まった。「私は僧侶だから戦争には協力しない」と言って時流に抵抗した人もかなりいたが、逆に戦争を賛美する僧侶も多かった。「アジアの平和を実現するための聖戦だから許される」という理屈である。そして、反戦論者は迫害され、賛美した人は褒められた。ここに、仏教という宗教の持つ問題点がある。社会から非難されないよう、自己の行いを正していくという独特のシステムの裏側には、社会の大勢に迎合してしまう危険性が潜んでいる。

お布施で生きる以上、世間の顰蹙《ひんしゅく》を買うような行動は絶対避けねばならないが、一方、あまりにも社会の時流に流されると、教えに背いてしまうことになる。仏教が持つ、この宿命的板挟みを一挙に解決する方法はない。その時々、正確な情報と合理的な理解と、そして仏教が持つ独自の世界観に基づき、正しく判断していくしかない。

戦争に協力した僧侶も、心は善意で満ちていた。「みんなのため、よかれと思って」そうしたのである。そういう人たちを、私たちが声高に非難することはできない。今現在の私たちが、「世界平和のため、よかれと思って」やっていることにも大間違いがあるかもしれないからだ。そういった間違いを少しでも防ぐためには、「自分の考えは絶対に正しい」という「我」を捨てるしかない。「この世は、私を中心に動いているわけではない」という思いこそが、日々の正しい判断を下していく基盤となるのである。

第四五話　ある物理学者との邂逅

小柴昌俊《こしばまさとし》氏は、ニュートリノという素粒子の研究で二〇〇二年にノーベル賞を受賞したが、その小柴先生の後を継いで、ニュートリノ研究を飛躍的に発展させたのが戸塚洋二《とつかようじ》氏である。戸塚氏の仕事もいずれノーベル賞を取るだろう。先日、ご縁があって、その戸塚先生とお会いする機会を得た。

実にやさしい方である。根っこに鬼の厳しさがあるのはよく分かるが、とにかく情の深い素敵な人柄だ。「骨の髄まで無神論者」と自称する科学的合理精神の権化だが、その、宗教家の天敵のような物理学者が、「仏教について知りたい」とおっしゃる。そこで二時間、膝を交えて話し合った。

「仏教は神の存在をどう考えるのか、時間の流れはどうとらえるのか、世界はどのように進んでいくのか」といった質問が矢のようにとんでくる。

相手は超一流の物理学者だ。合理的に答えねばならない。雑念を払って脳みそを絞り、できるだけ分かりやすく簡潔な言葉で答えを返す。

「仏教は絶対存在を認めません。だから、祈って救いを求めるのではなく、修行して、自分自身を変えていく宗教なのです」

「時間とは物事の変化そのものであって、別個に時間という存在があるわけではありません。ですから、変化しないものには時間はないのです。人が涅槃《ねはん》に入るというのは、そういう時間のない状態になることなのです」

「この宇宙は、特定のサイクルを繰り返しながら、無限の過去から無限の未来へと果てしなく続いていきます。そこには、始めも終わりもありません」

といった具合に、必ず明確に答える。分からない時は、なぜ分からないかを答える。その緊張状態は、私にとってまさに修行だった。答えることで、自分の思考が随分深まったように思う。実に貴重な体験だった。

話のあとの戸塚先生の感想は、「超越者を認めず、因果の法則だけで世界を見ようとする釈迦の仏教の原理は、現代科学と同じであって、それは非常に興味深い。だがまだ理解できない点も多い」ということである。そりゃそうだ。二時間で全部理解されたのでは私の立つ瀬がない。説明し残したところは、先生がノーベル賞をもらったあとで、またゆっくりお話ししましょう。

第四六話　まだ見ぬ果報に思いを馳せ

お坊さんに布施する人の気持ちを考えてみよう。古代インドでは、立派な人にお布施をすれば、将来、たとえば生まれ変わった後で、それに見合った素晴らしい果報が戻ってくると信じられていた。だからその果報を期待して、人々は布施をした。いつになるかは分からないが、今の善意が、結局はまわりまわって自分の利益になると考えたのである。

だが現代社会においては、釈迦の頃のような「輪廻」とか「因果応報」といった世界観はもはや通用しない。良いことをしたら、その果報で天に生まれてフワフワ幸せに暮らせるとか、悪いことをした人が、地獄で鬼にいじめられるとか、そういった人為的な世界観を拠りどころにできるほど、今の我々は純朴ではないのだ。

しかし、布施の原理のエッセンスを取り出して、それを現代の枠組みで生かすことは十分可能だ。「今の行為が、まわりまわって遠い将来、なんらかの形で大きな利益になるだろう」と考え、目先のもうけではなく、遠い未来の、まだ見ぬ成果のために財を放出するということである。その場合、布施の対象は、必ずしも宗教者である必要はない。古代の人が、「遠大な夢に人生をかける修行者は立派だ」と考えて布施をした、その状況を今に置き換えるなら、布施の対象はむしろ、うまく行くかどうかも分からない謎の解明に突き進む、名もなき科学者たちこそふさわしい。

凡人には理解できない高度な世界に身を置いて、なんの役にも立たないような奇天烈な研究に没頭する変人に、布施することは難しい。だがその研究は、一〇〇年後の孫やひ孫に、とてつもない果報をもたらしてくれるかもしれないのだ。

役に立つのが分かっていることに、最大の資金援助をすることは当然だ。だがそこからさらに一歩進んで、まだ見ぬ果報に思いを馳せながら、未開の道を邁進する科学者たちをサポートすることにも、立派に布施の精神が生きる。現代には現代の仏教の生かし方というものがあるのだ。

第四七話　**底知れぬ多様性から仏教は生まれた**

釈迦はもともと、王位を継ぐべき皇太子だったが、その地位を捨てて出家し、修行者になった。あとはずっと、家を持たずに暮らした。家なし、職なしの風来坊である。せちがらい今の日本なら、そういう立場の人は軽んじられる。「ちゃんと仕事して家族を養い、税金だって納めねばならない大人が、フラフラしてだらしない」などと言われてしまう。

しかしインドというのは面白い国で、社会人として勤勉に仕事をこなす者はもちろん尊敬されるが、その一方で、自己の理想を追求するために社会の枠組みから飛び出し、独自の生活方法を貫く人も、「立派な人」として皆に崇められる。真剣に生き方を模索する姿が、その人の価値になるのだ。

そして社会全体に、「そういう人たちを支え、守っていこう」という気風が満ちている。外見がボロボロで、バタバタで、ボサボサの人でも、心の中に確固とした気概があれば、皆が尊敬する。堂々と胸を張って生きていけるのである。

こういう価値観の多様性があるからこそ、釈迦は無職でも生きていけたのだ。各地の裕福な信者たちは、家を持たない釈迦のために土地を提供し、立派な僧院を建てた。さほど裕福でない人々も、日々のご飯や日用品を与えた。そしてその結果、インドの人々は、仏教という、世にもまれな心の支えを、手に入れることができたのである。

この独特な哲学的風土は、釈迦の昔から現代に至るまで、インド文化の底流に脈々と受け継がれてきている。今もインドに行けば、それこそ至るところで、俗世を捨てて身一つで歩く巡礼修行者たちと、そういう人たちを受け入れ、尊敬し、供養する、多くの一般人の姿を見ることができる。

今の日本に、こういう余裕があるだろうか。金があるとかないとか、そういう問題ではない。狭い価値観にしばられて、その枠に入らない人を「変人」「厄介者《やっかい》」「役立たず」といって疎外するなら、そんな世界からは、決して釈迦のような人は現れない。

仏教を生んだのは、インドの底知れぬ多様性だ。日本が創造性豊かな国になるには、そういう懐の深さが必要である。「自分と違う考えの人には、自分にはない価値がある」という思いが大切なのである。

第四八話　**僧侶の道を選ぶ覚悟**

日本の仏教は、奈良・平安以来の特殊な歴史状況の中で大きく変化し、他の国にはない独特な姿をとるようになった。中でも、僧侶の結婚問題は特殊である。仏教は本来、出家者が異性と交わることを厳しく禁じるから、僧侶が結婚して家族を持つことはない。僧侶は独身でなければならないのだ。日本以外の仏教国では、ほとんどの僧侶が、この規律を守っている。当然そこでは、「住職の息子が寺を継ぐ」、などということもあり得ない。

しかし、その規律がしっかり定着しなかった日本では、いつの間にか僧侶の結婚が許されるようになり、寺が世襲制になった。もちろん今でも、生涯独身を守る出家者は多いし、血筋ではなく、師弟関係で受け継がれていく寺もある。立派なことだと思うが、日本ではあくまで少数派である。

寺に生まれた子が寺を継ぐというのは、釈迦の教えから見ればあり得ないことだ。かといって、そういう体制で動いている日本仏教のただ中に生まれてしまった寺の子息に、

「君たちの存在は間違いだ」と言うのも理が通らない。ここに日本仏教の苦悩がある。

世襲制の最大の問題点は、「既得権益を子どもに残したい」という親の情愛である。普通の会社経営ならそれも許されようが、人に道を説く僧侶の世界では大きな煩悩だ。「他人ではなく、自分の子どもに寺を継がせたい」と思う親と、「親が継げと言うから継ぎました」という子が、釈迦の教えを伝えていけるはずがない。

生きる苦しみで悩み抜いて、「もう死ぬしかない」、そういうギリギリの立場に置かれた人が、最後の選択肢として選ぶのが出家である。俗世の幸せを諦《あきら》めて僧侶となり、釈迦の教えに従って修行し、心を磨き、そこで体得した境地を法話として皆に語る。そこに出家者の価値があるのに、そういう仏教本来の道を、世襲制が奪っている。この点は大いに反省すべきだ。

寺の子息であろうが一般人であろうが、出家した人にとって最も大切なのは、「どういうつもりで僧侶になったのか」というその動機だ。出家の道とは、仏教の中に生きる希望を見出した者が、自分で覚悟を決めて進むものだ。俗世のしがらみで決めるものではない。寺に生まれて寺を継ぐ。それも今の日本では仕方がない。だが、そこには必ず人一倍の覚悟が必要となる。なぜ社会に出るのをやめて僧侶になったのか、その理由をはっきり言える者だけが、お布施で生きる資格を持つのである。

第四九話　悟りに試験はない

試験とはつらいものだ。「昔、アフリカのある部族では、若者が大人の仲間に入れてもらうためには、ライオン一頭しとめねばならなかった」という話を聞いたことがあるが、これなども試験の一種だろう。今の子どもたちはライオンと闘わなくてよいので幸せだが、若いときの試験結果でその後の人生が左右されるのは切ないものだ。

ただ最近は、成人になった後で進路変更する機会も増えてきたから、試験を「選別の手段」と見るより、「能力の到達レベルを判定するシステム」と思った方がよい。そういう目で見ると、試験というのは大変親切な制度である。自分では分からない、自分の能力程度を、まわりの専門家たちが手間ひまかけて判定してくれるのだ。それがまた励みになって上に昇っていける。ありがたい話だ。

しかしである。人がそうやって上へ上へと向上していった先にあるのは、試験のない孤高の世界だ。どんな領域でも、先端まで行き着けば、もはや評価してくれる人はいなくなる。自分のレベルはどれくらいで、この先なにをすべきか、誰もなにも教えてくれない。自分で判断するしかない。それが最先端を行くということの意味である。

仏教の最終目標は「悟り」だが、それは言ってみれば、「生きることの最先端」である。それがどういう境地で、どうなったら悟ったことになるのか、まわりに判定してくれる人は誰もいない。だから仏教には、「悟りの判定基準」などというものはない。悟った人だけが悟ったと分かるのである。曖昧な言葉に聞こえるかもしれないが、客観的な基準を決めないところがよい。基準があると、とたんに「悟り」がただの試験問題になる。

人のためではない、自分のために歩んできた道の、最後の仕上げに他人の試験問題を受けて何になろう。「納得のいく一生を送りたい」と思うなら、最後の試験官は自分自身に決まっている。自分が納得する以外に、合格などあり得ないのである。

第五〇話　人の旅路を後押しするご縁

誰にも、あこがれの人というものがある。私のあこがれはもちろん釈迦だが、これは別格だから置いておこう。学問の世界で、若い頃から惚れ込んでいたのは木村泰賢《たいけん》（一八八一—一九三〇）という仏教学者である。一〇〇年近く前の人で、東京帝国大学教授だったが、若くして亡くなった。しかしその短い生涯の間に残した仕事はずば抜けて質が高く、今でも最先端をいっている。「どんな学者になりたいか」と聞かれれば、とにかく「木村泰賢」。私の心の師なのである。

京都の木屋町を上がったところに「スロウボート」という小さなバーがあって、時々飲みに行く。ある晩一人で、いつものように飲んでいたら、見知らぬ紳士が入ってきた。感じのよい人で、ポツポツ言葉を交わすうちに、どのような方なのかが分かってきた。東京で順天堂大学の先生もされている、眼科医院の院長さんであった。

私が仏教学者だと自己紹介したら、「ああ、それは奇縁ですね」と変なことを言い出す。なにが奇縁なのか。「実は私の祖父も仏教学者でした」「へえ、どこにおられた方ですか」「東京帝大でした」「ほお、お名前は」「木村泰賢というのですが、ご存じですか」。そしてここで、私は思わずバーのいすから飛び降りると、その人の前で直立不動になり、深々と敬礼したのである。

紳士は木村泰朗《たいろう》さんとおっしゃる。泰賢先生直系のお孫さんである。お顔を見ると、泰賢先生の昔の写真にそっくりではないか。私は、泰朗さんの手をとって固く握手し、「しばらくは手を洗わないでおこう」と心に誓った。

人は時として、存在するだけで他者に恩恵を与えることができる。木村泰朗さんも、私を元気づけようと思って京都までやってきてスロウボートの扉を押したわけではない。何気なく入ってこられて、たまたま私の横にお座りになって、それだけで私は大きな元気をいただいた。尊敬する泰賢先生の力が、泰朗さんを通じて感じられたのだ。ありがたいことだ。

人はいつも、生きる意味を求めてあれこれ迷い歩くが、「自分が存在するだけで誰かを助けている」と思えるなら、それは素敵な「生きる意味」ではないか。私は多くの人の「存在」に助けられ、その私もまた、気付かないうちに「自分が存在すること」で人の役に立っているのかもしれない。私は、そういう、ほのかな支え合いの力を「ご縁」と呼ぶ。この世には怪しい神秘などないが、一人ひとりの旅路を後押ししてくれる不思議なご縁というものは、間違いなくあるのだ。

第五一話　**不幸の種を摘み取る智慧**

人の不幸には二種類ある。一つは、病気や事故や天災など、否応なく降りかかってくる物理的な不幸。これを防ぐのは科学技術の仕事である。仏教にそれを防ぐ力はない。心の支えとなることはできるが、修行の力で病気や災害そのものを消し去ることなど不可能である。

一方、違う種類の不幸がある。それは言ってみれば「人工的不幸」ともいうもので、人が、愚かさに操られて自分で生み出す不幸である。本当はどこにも不幸の原因などないのに、人が自ら作り出す、悲しくも滑稽な不幸だ。この種の不幸は、仏教で消すことができる。

たとえば新聞で読んだ人生相談。「テレビを見ていたら、占い師があるタレントの名前の字画を占って、早死にすると言っていた。ところが、そのタレントの名前と自分の名前の画数がまったく同じ。じゃあ私も早死にするんでしょうか。恐くて恐くて仕方ありません。一体どうしたらいいでしょう」という相談である。いったん怪しい神秘に心を奪われると、こんなことでさえおぞましい不幸となってのしかかってくる。視聴者の中に、同じ画数の名前を持つ人が大勢いることを承知で不吉な言葉を語る、その占い師は邪悪な愚者である。それを鵜呑みにして落ち込んでいる相談者は哀れである。しかも、その人生相談の回答がすごい。「占いで短命というのなら、その事実を受けとめて、短い時間を精いっぱい生きてみたらどうでしょう。人の人生、長さより質です」

こんなことを言われたら、ショックで本当に早死にしてしまいかねない。

冷静に考えてみると、もともと不幸になる原因などどこにもない。邪悪な占い師と、神秘に取り憑かれた相談者と、無責任な回答者が、一緒になって不幸を作り出している。仏教は、こういう状況を一番嫌う。「愚かさが不幸の原因だ」と言った釈迦の思いはここにある。

これは極端な例だが、日常気付かぬところで、我々はこの種の不幸を生み出し続けている。それを智慧の訓練によって防ごうというのが仏教の目的であり、そのための道を修行というのである。

第五二話　**結論より思考の道筋が大事**

仏教では、苦しみの原因が「不合理な思考」にあると考える。それが、心の働きを狂わせ、迷わせるからである。その不合理な思考のことを無明という。だから我々は、無明を遠ざけ、いつもものごとを合理的に考えるようにしなければならない。とは言っても、実はそれは、とても難しい。

どれくらい難しいか、例をあげよう。次のような主張がある。「この世界は、時々刻々と分裂を繰り返していて、あなた自身も次々と分身している。今ここにいるあなたは、そういった平行世界の中に大勢いるあなたの中の一人にすぎない。他の世界には別のあなたが存在しているのだ」

まったく非常識で、あり得ない話に聞こえる。たいていの人は鼻で笑うだろう。しかしこの説は、エベレットという物理学者が提唱した、れっきとした物理学の理論である。「多世界解釈」という。定説とは言えないが、正しい理屈と、精密な計算の結果得られる、正当な理論であって、多くの科学者が認めている（私も支持者だ）。だが、いくらそう言っても、読者の多くの方は「そんなばかな」と思われるだろう。ここが難しい点である。

合理的とは、決して常識的という意味ではないのだ。常識はずれのとんでもない考えでも、正しい論理を積み重ねて得られた結論ならば、それは合理的である。重要なのは結論よりも、考える道筋だ。正しい道筋を通って得られた結論ならば、たとえそれが一般常識と食い違っていても、正当な結論なのである。

これを逆に見るなら、たとえ外見上は常識的で、みんなが「そうだ、そうだ」と賛成するようなことでも、途中の道筋に狂いがあれば、それは不合理なのだ。典型的な例が「マイナスイオンは体に良い」という主張である。ひところ大手電機メーカーまでがさかんに宣伝していたが、この説にはまったく根拠がない。ただそんな風に思えたから皆が信じたのである。だからマイナスイオンを信じて器具など買った人は、知らぬ間に不合理の道に踏み込んでいたのだ。

釈迦は「合理的に考えよ」と言ったが、実践するのは難しい。合理性の道は険しく、至るところに不合理の落とし穴が口を開けている。だからこそ、そこに、修行という、独自の精神鍛錬が必要となるのである。

第五三話　アショーカ王の大恩

先日、インドに行った。目的は「アショーカ王碑文」を見ること。アショーカ王とは、釈迦が死んで二〇〇年ほど後にインドを統治した大王である。若いころは悪逆であったが、釈迦の教えに出会って感激し、熱心な仏教信者になった。

そのアショーカ王が仏教を保護してくれたおかげで、それまではマイナーな地方宗教だった仏教が一挙に大宗教へと躍進した。仏教の大恩人だ。生前、釈迦の骨をまつって、何万もの仏塔を建てたと言われている。それが、「仏教のあるところには必ず仏塔がある」という伝承になり、その結果、寺の中に塔を造るという文化を生んだ。法隆寺の五重の塔も、もとをたどればアショーカに行きつく。その王が、自分の思いを石に刻ませたものが今もいくつか残っている。解読可能な文字としてはインド最古のものだ。その一つを見に行った。

それはコルカタ（昔のカルカッタ）の南の平原の中、観光客もめったに訪れない静寂の地にある。岩の表面に彫られた文字をそっと指でたどった。古い古いインド文字。あまり古くてとうの昔にインド人にも読めなくなっていたが、一七〇年前、プリンセプというイギリスの学者が解読に成功した。読んでみると、そこには仏教信者として生きるアショーカの、政治理念や政策方針がぎっしりと語られていた。そしてなにより驚くべきは、当時、インドの西、ギリシャ・エジプト世界を治めていた五人の王の名前が記されていたことである。

これはすごいことだ。インドには、歴史年代を記録する習慣がなかったため、どんな出来事であっても、それが「いつ起こったのか」を知ることができない。アショーカの年代も本来なら不明のはずだ。だが、ギリシャの方には年代の記録がしっかり残っている。だから、その五人の王がそろって生きていた時期も決まり、それによってアショーカの年代も決まるということになる。結果は紀元前三世紀と出た。これが古代インド史の中で、年代が決まる唯一の例なのである。

平原で事もなげに佇む大岩が、こんな素敵な歴史を語ってくれる。何度行っても飽きることのない、インド不思議旅である。

第五四話

「生かされている」という諸刃の剣

戦時中、「ぜいたくは敵だ」という標語があった。国民の気持ちを戦争に向けるための憎らしい言葉だが、よく考えると、そんなに悪い言葉ではない。現代でも、使いようによっては意味がある。

大人顔負けの高価な品を持ち歩く子どもに、「ぜいたくは敵だよ」と言えば教育効果があるし、糖尿病なのに高級グルメ料理ばかり食べたがる病人に「ぜいたくは敵ですよ」と言えば治療効果がある。

この標語が、これほど便利なのは、そこにしっかりした規定語が入っていないからである。「ぜいたくは、何にとって、どういう理由で敵なのか」、それが言われていないので、なんにでも適用できる。これは怖いことだ。標語というものは、短い分、大切な情報を捨ててしまうので、意味が曖昧になる。意味の厳密さが大きく失われてしまうのだ。

仏教界で人気のある標語に、「生かされている私」という言葉がある。ここには主語がない。何が私を生かしているというのか。それが問題だ。創造主が私を生かしているのなら、キリスト教やイスラム教のような一神教だ。そうでないとしたらなんだ。先祖の霊か、超能力者の尊師か。そこが宗教の分かれ目、肝心要《かなめ》の分岐点なのに、それが分からない。だからどんな宗教にでも使える。ということは、何かを語っているようにみえて、実際は何も言っていないのである。

「生かされている」という受け身形は、わが身の無力を悟り、謙虚になるためにはよい形かもしれないが、場合によっては、人の意志を無力化しコントロールする洗脳標語として、凶器にもなる。

標語は便利な道具だが、あくまで簡略形だ。必ず、その奥にある本当の意味を追い求めねばならない。「生かされている私」という標語を使うのはちっとも構わないが、その時には、「私を生かしているのは何か」を理解して、それを人に説明する義務がある。説明できないのに、「ただなんとなく、宗教的雰囲気があって便利だから」といった、いい加減な気持ちで使うなら、ひどい欺瞞だ。宗教者の言葉には、常に重大な責任が付随しているということを忘れないでもらいたい。

第五五話　**小乗か大乗か**

仏教には小乗、大乗という二種類の区別がある。スリランカやタイなど南方諸国は小乗。日本やその周辺の国々は大乗である。歴史の教科書などを見ると、「小乗仏教では、個々人が自分の救済を目指すが、大乗では、自分だけでなく、世の中すべての生き物を救おうとする」とある。どうみても大乗の方が立派だ。自分の救済しか考えない利己的な小乗より、皆のことを考える大乗の方がいいに決まっている。

一方、歴史的に、小乗の方が大乗より古いことは間違いない。それは、長年の仏教学の研究によって立証されている事実だ。ということは、初めは利己的で了見の狭い小乗仏教だったものが、後の時代に、より心の広い大乗になったということになる。しかし、仏教を最初につくったのは釈迦だ。だから釈迦がつくったのは小乗だ。それなら、釈迦は利己的で了見の狭い人だったのだろうか。

小乗と大乗を較べる時、忘れてはならないことがある。釈迦は、この世に超越者がいないこと、我々を救ってくれる神秘の力はないことを悟り、「それでも、この世の苦しみから抜け出す方法はあるか」と思案して、自分で自分を救済する方法を見つけた。それが小乗仏教になった。決して他人のことを無視したのではない。自分が見つけたその方法を皆に教え、「一緒にやろう、君らもがんばれ」と励ました。神秘力のない世界で皆を救うには、それ以外に方法がないからだ。

それが大乗になると、次第に神秘的な要素が入ってくる。我々を助けてくれる不思議な力があり、それが多くの者を一挙に救いあげるという思想である。こうして大乗は、合理性と引き換えに、救済する人々の範囲を大きく広げたのだ。

小乗とは、この世を神秘なき法則の世界と見て、その中で自己救済を目指す道であり、大乗とは、その法則性を超えた神秘作用を信じ、そこに救いを求めていく世界だ。どちらに惹かれるかは人による。ただ、小乗が利己的で偏狭な教えではないということは知ってもらいたい。神秘性に頼って生きることが難しい現代では、小乗の教えもまた、人生の貴重な道しるべなのである。

第五六話　お経の違いが宗派の違い

仏教には「お経」というものがある。釈迦が弟子たちに語った、悟りのための手引だ。今もインド語、漢文、チベット語など、いろいろな言葉で書かれたものが残っている。日本のお坊さんが法事で読んでいるのは、漢文版だ。全部でどれくらいあるかというと、日本語の普通の本になおせば少なくとも七、八万ページ分。

これがすべて釈迦の言葉ならいいのだが、残念なことに、実際にはほとんどすべてが、釈迦の死後、長い時間の中で大勢の人たちがつくりあげてきたものだ。お経というのは、「釈迦の教え」というスタイルをとりながら、その実は、数え切れぬ無名の著者が自分の思いを説き表していく、その千数百年間にわたる活動の集積なのだ。大乗仏教も、その流れの中で現れてきた新しい運動だ。

その膨大な量のお経を詳しく調べると、古いものと新しいものが区別できる。そこでそれを時代順に並べてみれば、一番古いところにくるものが、釈迦に一番近いということになる。それが本当に二五〇〇年前の釈迦自身の言葉かどうかは不明だが、仏教のおおもとであることは間違いない。私が惹かれるのは、そういう最古の時代のお経である。

実は、このような「お経の歴史」が分かってきたのは近代になってからのことで、それ以前は、「お経は全部、釈迦の教えだ」と信じられていた。八万ページ分、すべて釈迦が説いたと思われていたのだ。しかし、全部が釈迦の教えのはずなのに、比べると食い違う点がいっぱいある。今考えれば当然のことだが、昔の人はひどく困ってしまった。

そこで一番気に入ったお経を選び取り、「私はこれを信じる。これこそが本当に釈迦の言いたかったことだ」とそれぞれに主張した。どれを選ぶかは人の個性によるから、結果としていろいろな流派が現れた。それが今で言う「なになに宗」という宗派のもとだ。だから仏教は、宗派によって読むお経が違っているのだ。

こういう歴史をみれば、一口に仏教といっても、内実は千差万別ということが分かる。どのお経を信じるかで思想も活動も全く違ってくる。その「お経の違い」を正しく理解して初めて、仏教世界の全体像が見えてくるのである。

第五七話　道は自分の内にある

ユダヤ教とキリスト教とイスラム教は兄弟宗教である。信じている神は、もとをたどればみな同じだ。「神が同じなら一つの宗教ではないか。どこが違うんだ」ということになるが、最大の相違点は、誰が、その神の言葉を正しく伝えたのか、その伝達者の違いにある。

ユダヤ教では、神の言葉を伝えたのは「預言者」と呼ばれる人々なので、その教えに従う。預言者の言葉が「神の言葉」なのだ。キリスト教での神の言葉の伝達者は、言うまでもなくイエスである。イスラム教ならムハンマド（マホメット）。三宗教のそれぞれが「我らの伝達者だけが神の言葉を正しく伝えたのだ」と考え、その言葉を絶対的に信頼する。同じ一人の神をとりあって、「うちこそ本家」と主張しているわけだ。

釈迦の仏教は、そういった絶対神を認めないから、「神の言葉」などというものはない。釈迦が語ったのは、自分で考え、自分で見出した悟りへの道だ。それを皆に伝えるために仏教をつくった。だからそれは、「釈迦という一人の人間が考えた宗教」だ。はるか上空から全世界を見渡しながら、「あれをせよ、これをするな」と命じる神の視点はない。視点は常に、自分の内部にある。救いの手を差し伸べてくれる超越者のいない無情の世界で、自己の努力だけを頼りに、生の完成を目指す。それは、荘厳な神殿や、天国のイメージとは縁もゆかりもない、今ここにいる人間の、地べたを這い回るような活動だ。

この世に超越者がいるのなら、その言葉を我々に伝えてくれるキリスト教やイスラム教は、力強い人生の味方になる。自分の力だけでなんとかしようと考える釈迦の教えは、傲慢なうぬぼれということになる。だがもし超越者がいないのなら、その時には釈迦の教えしかない。ノロノロと地味な修行の道だが、歩めば必ず先が見える。釈迦が実際に歩いてみせた道だ。

私は釈迦をとるが、それは私の選択。この世に超越者がいると考えるか、いないと考えるか、個性や巡り合わせによって、選ぶ道は様々だ。ただ、宗教世界にも様々な生き方考え方があるということを知っていれば、視界が随分広がるだろう。

第五八話　宗教の本性を見極める

この本を書いている私の素顔を、ほとんどの読者はご存じない。私がどういう性格で、どういった信条の人間か、本当のところは分からないはずだ。文章でいくら立派そうなことを言っていても、それを書いた本人が立派な人だという保証はない。私がどの程度の人間か、その本性を知るには、私の実生活を見る以外に方法はないのである。

同じことが、宗教についても言える。ありがたい教えや気のきいた文句なら、お経や聖書を使ってちょっと頭を働かせれば簡単に作り出せる。それを表看板にして売り出せば、いっぱしの宗教団体だ。教義にそれなりの魅力があれば、人が人を呼び、肩で風切る大教団に躍進することもあるだろう。だがそれは、その宗教が、真摯に万人を思う立派な宗教だという証拠ではない。人と同じく宗教も、その本性は実体を見ない限り分からないのである。

では「宗教の実体」とはなにか。それは、「運営」である。注意点をいくつか挙げよう。①その団体が、どういう手段で資金を調達し、それをなにに使っているのか。そして、その明細をどの程度社会に開示しているか。②教団の決め事を、どういうシステムで決定しているのか。③教団外の一般社会から批判された時、どういう姿勢でそれに対処するか。④政治にどの程度のレベルでかかわりを持とうとするか。そういった、現実の運営にこそ、その宗教の本性が見える。

こう言うと、多くの読者は、オウム真理教事件を思い起こすだろう。今になって見れば、オウムは、先に挙げた運営面の、どれをとっても常軌を逸していた。しかしオウムの表看板に惹かれた若者たちは、そういった実体の異常性には目もくれず、ひたすらのめり込んで、落とし穴に落ちていった。

自己の本性を、社会に向かって、ありのままに正しく公開するのは、宗教団体としての最低限の義務だ。それができない団体は退場処分とする。そうしてこそ初めて、「怖くない、存在価値のある、清廉な宗教」が生まれてくるのである。

第五九話　布教の理由

宗教団体は布教に熱心だが、それはなんのためか。

絶対者を信奉する宗教では、その絶対者が、天の声として「私の教えを世に広めよ」と命じる場合が多い。「教えを広めること」自体が、絶対者から与えられた使命なのだ。だから信者は、その使命を果たすために命がけで布教する。相手が迷惑しようが、嫌がろうが、そういうことは問題ではない。とにかく、教えを広めるという行為そのものが、自分たちに幸福をもたらす宗教活動なのだ。

それを外から見ると、頼みもしないのに恩着せがましく宗教を押し付けてくる、おせっかいで厚かましく、そのくせ変に温厚な、薄気味悪い集団に映る。根底には誠実さがあるが、それは、布教の相手に対する誠実さではなく、布教を命じた超越者、絶対者に対する誠実さだ。決して、相手のことを思いやって布教しているわけではないのである。

もちろん釈迦の仏教も布教を重視する。釈迦は「教えを広めよ」と言った。だが、「布教活動をすれば悟れる」とは言わなかった。悟るために布教するわけではない。極端に言うなら、布教で外回りをしている暇があったら、その分、自分の修行に打ち込んだ方がずっといい。実際そういう道を選んで、修行一筋で一生を通した僧侶も多い。

それでも釈迦が布教を勧めたのは、全く現実的な理由からだ。一つは慈悲の心。多くの人に、仏教の道を歩んでもらいたいという切実な願いである。二つめは僧団維持のため。僧侶は子どもがいないから、常に新しいメンバーを外から補充しないと僧団はもたない。新規メンバーをリクルートするための手段である。そして三つめは、お布施をもらうため。教えに感心した人が信者になり、食物などの必需品を布施してくれるのである。一切の仕事を放棄して、修行生活に専心する出家者には、「人からもらって食べる」以外に道がないのだ。

絶対者の指示に従い、相手かまわず命がけで布教する人に比べれば、仏教側の布教意欲ははるかに弱い。だが別の見方をすれば、布教相手一人ひとりの顔を見て、個々の状況を斟酌《しんしゃく》しながら慎重に活動するということでもある。そしてその穏健な姿勢が、一般社会との平和的な共存を可能にする。自己満足のための過激な布教に走れば、そのこと自体が釈迦の教えを破壊してしまうのである。

第六〇話　緻密で合理的な「律」

我々が法律を守るのは、多くの利点があるからだ。その一つとして、「法律を守っていれば、行いの良し悪しをいちいち自分で判断しなくてもすむので、生活に余裕ができる」という効用がある。

法律がないと、なにか行動するたびに、「これをすれば、こうなってああなって、結局こういう結果になるからやめておこう」などと自分で判断しなければならず、ストレスが蓄積する。先行きのことを考えるだけで、頭が一杯になってしまう。法律があれば、それに照らして、「法律で禁じられているからやめておこう」と簡単に結論がでる。その分、心に余裕ができ、より創造的な活動が可能になるというわけだ。仏教は、まさにこの方向を選んだ。

修行という、きわめて高度な精神活動を実現するには、日常生活の細かい気遣いは邪魔だ。だからそれを回避するために独自の法律を作った。「なにを着て、なにを食べるか」「金銭の扱いはどうするか」「信者とはどう付き合うか」といったすべての行動に関して、恐ろしく緻密で合理的な法律集を作ったのである。

その、出家者のための法律を「律」という。出家した人は、律の規則を覚え、その指示どおりに行動する。そうすれば自然に、「正しいお坊さん」として皆に認められるようになる。あれこれ迷う必要はない。ひたすら律を守ればよいのである。そうやってストレスのない生活を送っていれば、心のエネルギーも充ちてくる。それを、唯一の目的である「修行」に集中させるのである。

この律、日本へは、天下の名僧・鑑真《がんじん》和尚が伝えてくださった。しかし、僧侶を国家管理のもとにおいておきたいと考えた当時の政権にとって、僧団独自の法律である「律」は邪魔だった。そのため日本の仏教では、律が軽視されるようになったのである。鑑真和尚が持ってきて下さった律は、今も唐招提寺《とうしょうだいじ》や西大寺《さいだいじ》といった「律宗」寺院に受け継がれているが、他の宗派にはほとんどなじみがない。日本のほとんどの僧侶は、律と無関係に暮らしているのである。だがそれは、日本仏教だけの特殊事情である。日本以外のほとんどの仏教国では、律はお経と同じくらい、あるいはお経以上に重視される。

なにしろ、律を守る人だけが、お坊さんとして認められるのだから、律は仏教の大黒柱なのだ。

仏教はありがたい教えだけで成り立つものではない。正しい行動を方向づける、律という法律が、その下支えとなっているのである。

第六一話　「律」を守ることの誇り

仏教の修行者は、とても弱い存在である。なにしろ、修行するためにすべての仕事を放り出して出家の身になるのだから、自力で生きていく術《すべ》がない。食料をはじめ、あらゆる生活物資は、物乞いで得るしかない。出家するということは、一般社会からのお布施だけが命綱の、完全依存型の人間になるということなのだ。

それは、釈迦がそう決めたのである。「世間の人たちからの、わずかばかりのお布施で暮らしながら、自己鍛錬の道をひたすら歩め」と言ったのだ。人々から「物もらいの役立たず」と蔑《さげす》まれてもじっと耐えて、そしてとにかく修行せよ、自分で選んだ道なら誇りをもって歩め、と説いたのだ。金も力もなく、姿形は薄汚れてみすぼらしく、世間的にはなんの取り柄《え》もない出家の身でも、卑下することなく胸張って行けと教えたのだ。

では、そんな状態で、修行者は、なにを拠りどころにして胸を張ることができるのか。それは、「お釈迦様が見つけてくれた、自己を向上させるための最上の道を私は実践している。最も正しくて望ましい生き方を進んでいる」という自負である。それが心の支えになるのだ。

しかし、いくら自分ではそう自負していても、まわりの人たちは「なんだ、仕事嫌いのただのなまけ者のくせに」とバカにするかもしれない。「そうではない。私は自分の意思でこういう暮らしをしているのだ」と証明するには、口ではなく、実生活の態度で示すしかない。そこに律の存在が生きてくる。

律で定められた何百項目もの細かい規則を正しく守り、どこから見ても清廉で、「おお、なんと立派な」と皆が感心する立ち居振る舞いで毎日を暮らす。それが、自分の意思表明となる。「律を守る」ことが、「実直な思いで生きていること」の、目に見える証しとなるのだ。律は、修行者が誇りをもって社会の中で生きるための、重要な基盤なのである。

これは一般の法律でも同じだ。法律は人の行動を縛る足かせではない。それを守ることで、自己の高潔さを身をもって示すことができる大切な指標だ。法が人を育てる。法律を守ることが、人に「誇りある人生」を与えてくれるのである。

第六二話 連綿と受け継がれてきた「律」

仏教の修行者は、律と呼ばれる独特の法律を守って生活する。律は、膨大で緻密な法体系だ。たとえば「人殺しをしたら僧団から永久追放にする」という条文がある。しかしこれだけでは簡単すぎる。法律で大切なのは具体的な適用例だ。「人殺しをするな」というなら、実際の例を示して説明する必要がある。だから、その条文の後ろには、様々な「殺人」の具体的な方法が紹介されていて、そのそれぞれについて、罪の重さが決められている。「直接手を下して殺す」「殺し屋を雇う」「『死ねば楽になりますよ』とたぶらかして自殺を勧める」等々。中には、古代インドならではの、びっくりするような話もある。人を殺そうと思った悪い僧侶が、墓場で呪文を唱えて死体をよみがえらせ、それを操って人殺しをさせるという方法もその一つ。ゾンビを使った殺人である。もしゾンビが相手を殺したら、その僧侶は殺人罪である。相手が「ゾンビよけ」の呪文で対抗したため、計画が失敗したなら、殺人未遂罪で、少し罪は軽くなる。呪文が下手で、ゾンビがフラフラと別の場所へ行ってしまって、殺そうと思った相手ではなく別の人を殺してしまったなら、それも殺人未遂罪になる、といった具合だ。

こういった話が山のようにでてくる。律は具体的事例の宝庫だ。そしてそれが、当時のインドの世界観や生活状況を知るための絶好の資料となるのである。

古来、仏教僧団には必ず律が受け継がれてきたが、それは法律だから、必ず一種類しか伝わらない。ひとつの集団が二種類の違った法律を持つことはあり得ないからだ。ということは、仏教世界には、二千数百年間、一本の同じ律が連綿と伝わってきたことになる。

だが実際には、内部分裂などの無数の歴史的変化により、伝わる律の内容には様々な違いがでてくる。そしてその違いこそが、仏教という組織が長い時間の中でどう変化し、どういう過程で今に至ったかを表す、歴史の痕跡なのである。

これは生物が持つＤＮＡと同じだ。生命の誕生以来、途切れることなく受け継がれてきたＤＮＡは、今も我々の細胞内にあり続けるが、そこには生命の歴史が刻まれている。様々な生物のＤＮＡの「違い」を比較すれば、生物が過去において、どのような道筋で変化し、枝分かれしたのかを知ることができる。たとえば、「ゴリラとチンパンジーでは、どちらがヒトに近いか」といった疑問も、DNAの近さを較べることで、はっきりした結論が出る（答えは「チンパンジー」）。それと全く同じ意味で、律は仏教の歴史を知るための貴重な情報源となるのだ。

私は、こんな面白さにひかれて律の専門家になった。そこは、まだ多くの謎が隠された、仏教世界でもとりわけ楽しい領域なのである。次の話で、もう少し律の面白さを紹介しよう。

第六三話　「律」の魅力をもう少し

律は二つの部分でできている。一つは、「お坊さんは、これこれのことをしてはならない」という禁止項目。もう一つは、「お坊さんは、こういう場合には、こうしなさい」という行動マニュアルの項目である。「してはならないこと」と「しなければならないこと」の両方を決めているわけだ。

禁止項目の方は二〇〇以上あって、そのすべてに「罰」が決まっている。その第一条には「お坊さんは、決して性行為を行ってはならない」とある。これが、お坊さんが一生独身を守らねばならない理由である。この規則を破ったら、仏教僧団からの永久追放になる。ほかにも「盗むな」「人を殺すな」「悟ってもいないのに悟ったと言うな」といった項目がずーっと続く。そして、そういった項目の一つひとつに具体例がついていて、それを読むことで、当時のインドの生活状況が手に取るように分かる。変な話だが、そこには当時のインド人が考えたあらゆるタイプの「性行為」「盗み」「殺人」「エセ悟り」などの悪事の例が次から次と、網羅的に書かれているのである。

おかしな例を一つ。壺に入った高級な飲み物を、ストローを使って吸い上げて盗み飲みする場合。吸い上げた飲み物が、まだストローを上がっている最中で口に達していない段階では「未遂罪」。口の中に入った段階でも「未遂罪」。しかし、ゴックンと喉を通り過ぎたら「窃盗罪」になって永久追放。なぜか。「喉を通り過ぎる前なら、まだ壺に戻せるから」である。クスクス笑いながら、しかも、当時のインド人が好んだ高級飲料がどういうものであったかという新しい情報も手に入る。

後半の、行動マニュアルの項目も同様で、当時のお坊さんや、それを取り囲む在家の人たちの様子が生き生きと描かれていて、いくら読んでも飽きることがない。しかもそれが、生物学のDNAのように、仏教の歴史を知るための貴重な情報としても使えるというのだから、いよいよ面白い。「律は面白い」といつも言い続けてきて、最近は律研究を目指す若手も増えてきた。律を学ぶことで「仏教は単なる思想・哲学ではなく、生きた人間がつくる、活動の世界だ」ということを理解してもらえればと思っている。

第六四話　僧という修行システム

聖徳太子は十七条憲法の中で、「篤《あつ》く三宝を敬え。三宝とは仏・法・僧なり」と言った。「仏」とはほとけ（ブッダ）のことだ。本物のほとけに会うことはできないから、普通は代わりに仏像を敬う。次の「法」とは、ほとけの説いた教え（ダルマ）のこと。だからこれはお経だ。お経を大切に読みなさいという意味である。では三番目の「僧」とはなにか。

僧というと、「お坊さん」のことだと思う人が多いが、本来の意味は違う。お坊さんは「比丘《びく》（男性）」または「比丘尼《びくに》（女性）」という。僧というのは、一人ひとりのお坊さんではなく、そのお坊さんたちが集まってつくる、集団（サンガ）である。「僧とは、四人以上の比丘、あるいは比丘尼がつくる集団を指す」というちゃんとした定義もある。四人以上の比丘や比丘尼が集まって、律の規則をきちんと守りながら、正しい修行生活を送っている、そういう状態のコミュニティを僧と呼ぶのである。それが三宝のひとつに入っているということは、仏教にとっては、個々のお坊さんよりも、集団としての僧の方が大切だということである。

釈迦の仏教の基本は「出家して修行する」ことにある。必需品を人々から恵んでもらって、ギリギリのところで命を繋ぎながら修行に邁進する。生きる目標を、修行という一点に絞り込んだ、極限の生活だ。そこでは当然ながら、時間の浪費など許されない。できるだけ修行効率のよい生活スタイルが必要となる。それが僧だ。つまり、多くのお坊さんが一カ所に集まり、互いに助け合って一緒に修行するという、集団生活方式である。

一人暮らしだと、日々の雑事で時間を取られるし、病気や老齢で体が弱れば修行はストップする。しかし集団で暮らしていれば、分担制で仕事量を減らし、若くて健康なメンバーが、弱った人の面倒を見るという形で、皆がそろって修行を続けていける。僧の制度は、自力では生きられない出家者たちが、修行生活を維持していくための、非常に合理的な相互扶助システムなのである。

それが三宝のひとつに入っている。お坊さんを敬うのではなく、お坊さんが修行に専念している、その姿を敬えということである。

第六五話　僧侶の装いは生き方の表明

仏教では、出家したら、自分の姿を変えねばならない。男も女も、髪を剃《そ》り落としてツルツルになり、黄土色に染めた粗末な三枚の衣（三衣《さんね》）を着る。そして手には一個の鉢を持つ。よく見るミャンマーやタイのお坊さんの姿である。

髪を剃るのは、「私は、普通の人が持っている、顔かたちの魅力を、一切捨てました。俗世の価値観を離れた人間です」というメッセージであり、黄土色の衣は、「仕事をしていないので、着物が買えません。道ばたに落ちている泥まみれのボロ布を着て暮らしています」という思いを表し、鉢は、「仕事をやめて、修行一本の生活です。食べていく方法がないので皆さんからの残り物のご飯をここに入れてもらって、それだけで生きていきます」という生活方針の表れだ。

このように仏教の僧侶は、俗世を捨てた自己の生き方を、装いによってまわりに示す。一般の人たちは、その姿を見て、「ああ、この人は間違いなく、出家したお坊さんだ。立派な人に違いない」と、安心してお布施を差し上げる。僧侶の独特の姿には、その人が正真正銘の仏教修行者であることを示す、「托鉢免許証」の意味があるのだ。

ところが昔の記録には、「格好だけ僧侶の姿になって出家者のふりをして、ちゃっかりご飯の分け前にあずかるニセ坊主がいた」と書いてある。いつの世にも、小ずるい人間はいるものだ。そんなすれっからしにかかったら、せっかくの装いも水の泡。結局は、装いだけでは不十分で、「正しい行い、正しい言葉、そして実際に修行に励む誠実な後ろ姿」がなによりの免許証になるということだ。

このことから分かるように、僧侶は外見が大切だが、それが空虚な見せかけの外見ならば意味がない。あくまで心あっての装いである。真摯な志もないのに、うわべだけ僧侶の姿をしてみせて、それでお布施をもらうなら無免許運転だ。

このニセ坊主、やがて嘘がばれ、「以後、正式な手続きによって出家することを決して許さない」ということになった。つまり、一度そういう詐欺行為を働いたら、そのあとでまじめになって本当の僧侶になろうと思っても、もうそれは許されないということだ。古代インドの昔から、格好だけでお布施をもらおうと考える輩は、許し難い存在だったのだ。

中身と外見、両方が正しく整ってこそ、立派なお坊さんなのである。

第六六話　消滅した女性僧団

仏教はとてもすぐれた宗教だと思うが、完璧な宗教ではない。欠点もある。「律」の規則のひとつに、「僧侶になるためには、一〇人以上の同性の僧侶の許可を得なければならない」というものがある。男なら一〇人以上の男の坊さんが「よし」と言わないと、坊さんになれない。女なら一〇人以上の尼さんの「よし」が必要である。クラブ入会の面接審査のようなものだ（ただし女性の場合は、尼さん一〇人以上の「よし」のあと、さらに男のお坊さん一〇人以上の「よし」も必要とされる。明らかな男女差別だ）。

「一〇人以上のメンバーが同意すれば、新メンバーを入会させることができる」というこの決まり、一見すると、どうということもない規則だが、もし何かの理由で僧侶の数が減り、一〇人を切ったらどうなるか。新メンバーを受け入れるのに、最低一〇人が必要なのに、それが足りなくなるということは、もはや誰も僧侶になれないということである。当然、僧団は滅亡し、二度と復活できなくなる。そしてそういうことが一〇世紀ごろ、実際に起こった。

スリランカを中心とする南方諸国で、国が乱れて僧侶の数が減っていき、尼さんの数が一〇人を切り、女性の僧団が消えたのだ。そして驚くべきことに、その後一〇〇〇年、スリランカにもタイにもミャンマーにも、正式の尼さんはいない。せっかく釈迦が説いた悟りへの道が、それ以来、女性には閉ざされたままなのだ。最近、なんとかしようという動きがでてきたが、まだ問題山積である。

「規則を厳密に守る限り、女性は決して出家できない」。修行生活を円滑に送るために定められたはずの律の規則が邪魔になって、女性が修行の道に入れないという大矛盾。今必要なのは規則の改正である。昔の規則が女性を不幸にしているのなら、新しい規則に変えるべきだ。しかし、「お釈迦様の決めたことは絶対だ」という信仰心がそれを許さないのだ。

もし律のなかに、条文改正のための適切な手続きが定められていれば、こんな問題も起きなかったはずだ。知恵深いお釈迦様は、こういう事態も想定して「私が死んだら、適宜、律の条文を変更せよ」と言い残したのだが、具体的な変更方法までは言わなかった。ここが失敗だった。釈迦の死後、困った弟子たちは「教祖様の言葉だから、一切変えないでおこう」と言って、律を「変更不可能な法律」にしてしまったのだ。そのツケが一五〇〇年たって現れてきたのが、この比丘尼僧団消滅の問題であった。

南方の仏教が抱えるこの問題、解決への道は遠い。「釈迦が決めたことであっても、規則というものは時代に合わせて変わるべきものだから、皆で知恵を出し合ってなんとか改正しよう」という、柔軟な考え方が根付くのを待つしかないのである。

第六七話　精いっぱいの死に方

死期を宣告された人の、その後の生は壮絶である。釈迦は、「生きることとの苦しみを自覚せよ。それが悟りへの第一歩だ」と繰り返したが、「まだまだ生きられる」と思って安心している人に、その声はなかなか届かない。生きることとの一瞬一瞬が苦だという思いは、自分の前に突然、死が立ちはだかった時、はじめて身に迫ってくる。

では、人が苦しみを実感したら、どうすればよいか。釈迦は、精神集中によって生み出した智慧の力で、自分の心を観察せよと言った。観察してその構造や動きを正確に読み取る。そして、苦しみをもたらす心の悪要素を断ち切るのである。

もちろん凡人には、そんな立派な行動は不可能だ。そういう冷静な行動がとれるなら、誰も苦労はしない。しかし、かなわぬながらも、そういった努力を続けることで、たとえ死の恐怖を完全に取り除くことはできなくても、少なくとも、誇り高く、前を向いたままで生を終えることはできるかもしれない。二〇〇八年七月一〇日、がんのため惜しまれつつ逝った素粒子物理学者、戸塚洋二氏の訃報に接し、私はそんなことを思った。

戸塚先生とお会いした時の鮮烈な体験は、別の話（第四五話）で紹介した。それは輝く結晶のような時間だった。先生の鋭くて強くて温かい人柄に、私はすっかり魅せられてしまったのだ。もう一度お会いして、科学や仏教の話を存分にしたかったが、今となっては、それもかなわぬ夢となった。

戸塚先生は、死の直前までブログを書いておられた。そこには、先生の生前の日々が克明に記録されている。死と向き合いながらも冷静に自己を分析し、なんとかして心にある苦しみの原因を取り除こうと努めるその姿は、まさに修行者そのもの。読んでいると胸が苦しくなる。

物理学者としての戸塚先生が超一流であるのは誰でも知っているが、私にとっての先生は、釈迦の修行を実践してみせてくれた「仏の教えの体現者」なのである。美しい花々の写真がちりばめられたブログは、もう更新されることもないが、そこには、「精いっぱいの死に方」を追い求めた畏敬すべき先達の姿が鮮明に残されている。

戸塚先生、私にこの上ない道しるべを残して下さいましたこと、心より御礼申し上げます。

第六八話　男女平等の修行世界

今から一〇〇年ほど前、ドイツにエミー・ネーター（一八八二—一九三五）という、女性の数学者がいた。数学の流れを根本的に変えるほどの天才だった。相対性理論と格闘中のアインシュタインにアドバイスしたこともある。一流の数学者であることは誰もが認めていたが、それでも彼女は生涯、まっとうな職につくことができなかった。

身分の低い、薄給の生活を続け、最後はアメリカに渡り、五三歳で死んだ。彼女がここまで社会的に差別されたのはなぜか。それは、女性だったからである。「女は男より頭が悪い。だから知的活動は無理だ」という偏見が彼女を不幸にしたのだ。

近代ヨーロッパの科学界でさえ、この有り様だから、二五〇〇年前のインドがどうであったか、想像はつく。女性は「後継ぎを産む道具」であり、男より劣った存在として軽んじられた。

では、その時期に誕生した仏教はどうか。残念ながら、仏教でも男女平等とはいかなかった。尼さんの僧団は男性僧団の下に置かれ、「常にその指示に従え」と言われた。ちょうど先輩後輩の関係である。理由は、男性僧団の方が先に成立し、後に女性の僧団がつくられたことにある。先に男性僧団がつくられ、男性中心の運営方法が確定してしまった後に、「女性にも出家を認めよう」ということになって、後輩グループとして女性僧団がつくられた。その際に「後輩は、なにかと慣れぬこともあるから、先輩である男性僧侶の言うことを聞いて、その指示を仰げ」という意味で格差が設けられたのだ。もしこれが同時の成立だったら、もっとずっと平等になっていただろう。

ここで言いたいのは、その、仏教の差別が、僧団運営上の差別であって、生まれつきの優劣による差別ではないという点だ。あくまで先輩後輩の関係による上下格差である。その証拠に釈迦は、「同じように修行すれば、男も女も、等しく悟れる」と言った。ありがたい一言だ。

「人には生まれつきの優劣がある」という思いが差別の元凶だが、釈迦の仏教にはそれがない。運営上の差別だけなら、運営を変えれば解消する。スタート時には仕方のなかった先輩後輩の格差も、女性僧団が独り立ちできるほど成熟した段階で、撤廃すればよいのである。それは釈迦の時代には無理だったとしても、二五〇〇年もたった今ならできる。釈迦でも考えなかった、完全に男女平等の修行世界が、我々には楽々と実現できるのだ。今も日本に残る仏教界の男女差別は、そういう理想に反する卑しい慣習である。将来生まれてくる仏教界のエミー・ネーターを守っていけるよう、今から仏教を磨きなおしていくのが私たちの務めなのである。

第六九話　比丘尼が支える

釈迦は、「性別や血筋で人の価値は決まらない」と考えた。だから仏教は本来、「生まれ」で人を差別しない。人はみな、僧侶になる段階で、まったく同じ地点からスタートするのだ。前話で語ったような歴史的経緯のせいで、男性僧団と女性僧団の間には格差が生じたが、あくまで制度上のこと。「男と女の間には本質的な優劣などない」というのが釈迦の教えの基本である。「出家して修行する」という生き方は、女性に対しても等しく開かれているのだ。

したがって、仏教が正しく運営されていれば、僧侶の数は、男半分、女半分になるはずだ。今、世界を見渡すと、確かにそういう場所はある。第六六話で紹介したように、タイなどの南方諸国では比丘尼の存在そのものが承認されていないが、お隣の韓国や台湾の仏教界では僧侶の半数以上が女性だ。大勢の誠実な比丘尼たちが、仏教を支えている。「仏教を深く学びたい」という思いも強く、毎年大勢の比丘尼が海外留学で外へ飛び出していく。

たとえば私が指導した韓国の尼さん。来日当時は「こんにちは」もうまく言えなかったが、七、八年のうちに美しい日本語を自在に使うようになり、大学院に進んで博士号を取り、ついには私の著書を韓国語に翻訳して出版してくれた。苦しい経済状態で我慢を重ね、それでも志を貫く姿に頭が下がる。彼女は今、中国にいる。中国語を学んで、そのあとアメリカに行って欧米の仏教事情を研究したいそうだ。人の世話になって行くのではない。すべて自分の智慧と努力で切り開いていく道だ。彼女の「求法の旅」が成就することを心から願っている。

人の価値が「生まれ」で決まらないということは、裏を返せば、「生まれた後どれだけ努力するか」が決め手になるということ。厳しい道だ。しかし、その厳しい道を、風を切って疾走するところに仏教の格好良さがある。しかもそれは、男女の別なく、誰もが選択できる道だ。

繰り返すが、日本の仏教には、いまだ女性を差別する傾向が強い。恥ずべきことだ。颯爽《さっそう》としたクールな尼さんたちが仏教界を引っ張っていく、そんな日を目指して自己改善に励んでほしい。

第七〇話　タイの洞窟に坐る

先日、タイ北部の山岳地帯にある仏教寺院から突然、手紙が届いた。差出人は二人の日本人。タイに渡り、現地の僧侶となって修行中だという。日本でいろいろ悩んだ末、文字どおり不退転の覚悟で海を渡った人たちだ。「自分たちの後に続く日本人に、道しるべを残したい」と考えて、厳しい修行のかたわら日本語の修行テキストを作成中で、その相談にのってもらいたいとの依頼である。

こんな人たちがいるのか、とまず驚いた。そして、そこに書かれている修行の有り様を読んでもう一度仰天した。

その山岳地帯にはキングコブラという毒蛇がいる。体長は五メートルを超す。嚙《か》むと、ものすごい量の毒液を出すので、象も倒れるという。日本人僧侶のうちの若い人は、普段お寺には住まず、人里離れた山の上の洞窟で暮らしているのだが、そこに、このキングコブラが出没するというのだ。「先日、キングコブラが来たので、一晩一緒に過ごしました」と書いてあった。なんとも恐るべき胆力である。

第八話で、墓場で死体を眺めながら精神を集中する修行者の話を書いたが、死体は嚙まないからまだ安全だ。コブラと坐る方がよほど恐ろしい。それを平然とやってのける気構えに感服する。それなのにこの人たち、「修行しているとはいえ、特別なにかが変わったようにも思えず、遊び心で暮らしています」と語る。「悟りに近づいた気がします」などと言わないところに凄味がある。

手紙を読んで気付くのは、「将来の夢」とか「修行の完成」といった、きばった「人生の目標」が感じられないこと。気負いがないのだ。日々の修行がそのまま生きていることの実感になっているようだ。「一度おいでください」と誘われたので、必ず行こうと思っている。行って、この不思議な人たちにお会いしたい。

ただ、問題はコブラだ。立派なお坊さんは嚙まなくても、うさん臭い仏教学者にはガブリとくるかも。マングースを連れて行くという手もあるが、効果は不明。現在、防衛策をあれこれ思案中である。

第七一話　最高の平安

釈迦は、二五〇〇年前に死んだ時、自分はどこにも生まれ変わらないことを確信しながら、安らかに逝った。寿命のある限りを静謐に過ごし、死んで完全に消滅することが、釈迦の一番の望みだったのだ。彼が最高の目的とした、その「完全な消滅」を涅槃という。仏教とは「正しく涅槃に向かうための道」なのだ。

「死んで完全に消滅することを、なによりの安楽だと考えよ」と釈迦は言うのだが、普通、そう簡単には割り切れない。愛する人を失って、心が悲しみで引き裂かれている時を想像してみればわかる。なんとしても故人の存在を繫ぎ留めたいと願うのは人の情。

「どこかに生まれ変わって、今も生きているに違いない」と考えれば、つらい喪失感にもなんとか耐えられる。「死んでもまた生まれ変わる」という思いは、多くの人間社会に共通する「救い」なのだ。

その救いにすべてを委ね、本心から「生まれ変わり」を信じることができるなら、素晴らしいことだ。生まれ変わったあとは、慈悲の御手の中、永遠に安楽世界で暮らしていけると、心底信じることができれば人生の苦悩は解決する。

しかし現代社会で、合理精神を保ちながらそこまで徹底するのは至難の業だ。結局は、「愛する故人にはどこかで生き続けていて欲しいが、本当のところは、やはり死んだら、それっきりで終わってしまうのではないか」という漠然とした感じを持ちながら日を送ることになる。

そんな時、釈迦の教えが生きてくる。「死んだらなにも残らない」と考えて恐怖する人に、「それでいい。それが最高の安息だ」と言って道を開いてくれた釈迦の言葉には、現実に根ざした信頼感がある。我々は死んだら、ひょっとすれば、絶対者がいて救ってくれるかもしれないし、どこかに生まれ変われるかもしれない。しかしそうでなくても、たとえなに一つ残さずに消え去ったとしても、死者は平安だ。それが、釈迦が我々に確信を持って保証してくれた「死の真実」なのである。

第七二話　仏教芸術を生み出す土壌

仏教は、長く日本の芸術の原動力になってきた。仏像や仏画、寺院建築や庭園、茶道、華道、能に歌舞伎と、数え上げたらきりがない。仏教は、日本の芸術世界を支える巨大な柱である。

しかし、その仏教を創造した釈迦は、芸術を嫌った。人の心を魅了する「美しいもの、楽しいもの」は、精神集中の敵である。外界からの刺激で心がふらついては困るのだ。修行の足を引っ張るものはすべて捨てる。だから当時の仏教世界では、絵画も彫刻も音楽も、芸術的なもの一切が捨てられ、静寂で凡庸な風景の中で僧侶たちは黙々と坐り続けたのだ。

こういう状況が数百年間続いたが、仏を追慕する人々の気持ちが次第に高まり、やがてその姿を石に彫ったり絵に描いたり、あるいは音楽やダンスでたたえたりするようになった。「仏教芸術」の誕生である。それは、修行という仏教本来の目的とは関係のない、世俗事である。もし釈迦が生きていたら、「困ったことだ。そんなことをしている暇があったら、じっと自分の心を見つめなさい」と言っただろう。しかし、すぐれた人を崇めたいという熱い思いは募るばかり。仏教芸術はますます盛り上がり、仏教が伝わっていく先々の国で、それぞれに独自の芸術世界を形作っていった。日本の仏教芸術もその一つである。

こういう歴史を考えると、仏教芸術の存在を、無条件で「良いことだ」と考えるわけにはいかなくなる。お坊さんにとっては、むしろ障害である。実際、真剣に修行に取り組んでいるお坊さんほど、世俗の美術・芸術には無頓着なものだ。しかしそのお坊さんたちの醸し出す峻厳な空気や、仏に対する敬愛の念が人々の心を動かして、そこから芸術が現れるなら、それは仏教を契機とする「崇高な精神の営み」として称賛されるべきものでもある。

仏教芸術は仏教そのものではないが、仏教がどれほど人々の心を惹《ひ》きつけているか、その度合いを示す目印になる。その時代の仏教に、芸術家の魂に火をつけるだけの魅力がなければ、決して真の仏教芸術は生まれない。芸術など見向きもせず、ひたすら修行に励む僧侶の後ろ姿こそが、すぐれた仏教芸術の力の源なのである。

第七三話　**精神集中が智慧の源**

よく、「精神を集中する」というが、考えてみるとそれは漠然とした不思議な言葉である。「精神」とは何か、その正体を理解している人は誰もいない。しかもそれを「集中する」というのだから、よけいつかみどころがなくなる。それでも私たちは、「精神を集中しろ」と言われれば、なにをどうすればよいのか、ちゃんと分かる。一つの事柄について、じっと思いをめぐらせて深い思索に沈んでいく、あの状態である。言葉では漠然としか表現できないのに誰もが実践できるということは、それはきっと人間に本来そなわった、本能的な行動なのだろう。

現在の文明社会を見ても、それを支える科学や技術や芸術はみな、「精神を集中し、考えに考え抜いた人たちのひらめき」が生み出してきたものだ。精神集中という特別な行動ができるからこそ、人は、動物とは違う高度な文化を手に入れることができたのである。

その「精神集中」の重要性を誰よりも分かっていたのは釈迦だ。喜怒哀楽、感情の起伏をぐっと抑え、静かに腰を据えて一点に心を絞り込む。その時、だらだらした散漫な生活では得られない、特別に強力な知性が心の中に生まれてきて、物事の真理が見えてくる。釈迦は、「自分というものの本当の姿を知りたかったら、集中した精神の力を使うしかない」と説いた。それが仏教の基本なのだ。

私は、この本を通して、仏教を現代に生かす方法をあれこれ考えているが、まず第一に挙げたいのが、精神集中の効用である。別に、足を組んで坐禅しろと言うのではない。じっと一つのことを考え続ける時間がどれほど大切か、再認識すべきだと言っているのである。

メディアの網の中で、棘だらけの情報に脳みそをつつきまわされている現代生活では、意識して外界からの刺激をシャットアウトし、思いをこらす時間がどうしても必要だ。それが、次の文化、次の世界観を構築する原動力になる。新たなものを創造し、奥行きのある価値感を持ち、味わいのある人生を生きる、そういう人が増えれば日本はもっと元気になる。そのための促進剤として、「一つのことを徹底的に考える習慣」を皆で定着させていくことが必要だ。日本中が「考える人」だらけになることが大事なのである。

第七四話　仏教は慈悲の器

仏教は本来、「家内安全、お願いします」「商売繁盛、頼みます」といった、先行きの幸運を願う宗教ではない。家内が安全でなく、商売も繁盛せず、「生きていくのがつらい」と感じている、そういう人のために仏教はある。

釈迦の時代、出家して弟子になった人の多くは、「生きる苦しみ」に疲れ、もうどうにも行き場所のなくなった人たちだった。普通なら、生きるのをやめてしまうところだ。それを仏教は救う。

「住み慣れた日常社会の決まり事で生きていこうと思うから行き詰まるのだ。一度それを全部捨てて、出家せよ。そこには、普通の人が望むような世俗の幸せはないが、その代わり、苦しみを離れた平安の日々がある。さあどっちにする。死ぬか、出家するか」と、こういう厳しい問いかけをする宗教だった。長い歴史の中、自殺するのをやめて仏教で再出発した人の数は膨大なものに違いない。

バブル経済の夢が覚め、「生きていくのがつらい」と感じる人が増えている。大望を抱いて未来に馳せのぼるはずの若者たちが、ネットカフェで切ない夜をすごしているのは、胸痛む光景だ。

しかし、自分が苦しい目に遭った人は、他人の苦しみも理解できるようになる。つらい思いをしている人は、自分でも気付かないうちに、その分、人間性が磨かれているのだ。そういう人たちが大勢になって初めて、社会も、すこやかなものとなる。そう思えば、今、苦しい状況にある若者たちは、これからの日本にとっての貴重な人材ではないか。

現代の若者に、「生きることに苦しみを感じたら、出家して僧侶になれ」などと極端なことは言わないが、その「生の苦しみ」こそが、智慧と慈愛を生み、満足できる人生の、大切な栄養分になるという釈迦の教えは、知っていてもらいたい。そして仏教界の人たちには、時代の波の中で苦悩する若者たちの気持ちを理解し、彼らを大切に見守り応援していってほしい。仏教はいつの世でも「慈悲の器」なのだから。

第七五話　**仏教と融和する脳科学**

「脳の世紀シンポジウム」という催しが毎年開かれ、脳科学の先端を行く学者たちが、最新の情報を発信する場になっている。今回そこに招かれて特別講演をした。一流の科学者と同じ舞台で話をするというのは光栄なことだ。科学と仏教の関連性を探究してきた、その努力が評価されたことがなによりうれしい。

「人生の苦しみをなくすためには、心の構造を正しく知り、その中の、苦しみを生み出す悪い部分（煩悩）を、自分の力で消し去らねばならない」と釈迦の仏教は言う。しかし「心の構造を正しく知る」と言っても、科学的な分析方法などなにもなかった時代だから、頼りになるのは自分の知力だけだ。しかし、「自分の知力で、自分の心を知ること」などできるのか。

この問いに対し、「精神を集中して、その力で心を観察せよ」と釈迦は教えた。確かにそれは、効果のある正しい方法だと思うが、容易な道ではない。当時では、それが最も効果的な手段だったに違いないが、もしその時代に脳科学的な探究方法があったなら、それも取り入れていただろう。すぐれた合理主義者であった釈迦なら当然のことだ。

その、釈迦の時代には望むべくもなかった、新たな「心の探究方法」が、脳科学の発展で飛躍的に進んできている。今では、細胞一個一個の変化を、数百分の一秒単位で精密に調査することが可能だ。私たちの心の動きが、脳細胞のどういった作用によって生じてくるのか、その複雑なシステムが次第に分かってきている。客観的な科学情報としての「心」が解明されつつある。まさに、「人が自分の知力で自分の心を観察する時代」が到来しているのである。

これに対して、「科学で人の心がすべて解明できるのか」という疑問の声が起こってくるのは当然だ。私も、科学がすべてを解決するなどとは思っていない。しかし、脳科学が、今まで誰も分からなかった心の構造を、驚くほど明晰に解き明かしつつあることも事実である。この先、脳科学が、「己の心を見よ」と言った釈迦の教えの強力な支えになっていくことは間違いない。仏教と脳科学の間に生まれるかもしれない、新たな知の世界に大いに期待している。

第七六話　脳が見せる世界のあやうさ

肉や刺し身を放っておけば、すぐに腐ってしまう。それに比べて生き物というのは不思議なもので、命ある限り、腐ることがない。私など、生まれて五〇年以上たつが、まだ身も心も腐っていない（と思う）。放っておけば、たちまちばらばらに崩れてしまうはずの肉体や精神を、特殊な働きでぎゅっと締めあげて、七〇年、八〇年と持たすのが、生命の作用である。

本来なら崩れてしまうものを、なだめてすかして、なんとか持たせていくのだから、そのための仕組みは恐ろしく精密だ。私たちの命は、その精密さのバランスのうえにギリギリで保たれている。

脳は、この危うい状態を維持していくためにいろいろな工夫をする。見えないものの様子を推測したり、未来の出来事を予想したり、あるいは相手の振る舞いで敵味方を瞬時に判別したり、これらは皆、できるだけ安全に生きるための、脳の戦略である。脳は、私たちに、実際よりも効率のよい世界を見せることで、私たちの生存を守っているのだ。

しかし時には、そういった作用が働き過ぎて、不幸を呼ぶことがある。自分の都合で人の心を勝手に推測して、「あの人は、意地悪なことを考えているに違いない」と勘ぐったり、「あの人は私を無視しようとしているから味方ではない。だから敵だ」と極端に考えたり、現実のほんわかした曖昧な状況を無理やり尖らせることで、思考がギスギスしてくるのだ。

このような脳の働きを消し去ることはできない。しかし、「脳の見せる世界は、本当の姿とは違う」ということを知っていると、思考の幅がぐっと広がる。思い込みの縛りが解けることで、ありもしない苦悩は消えていく。

釈迦は、「苦しみの根本原因は、自分の心の不合理な思い込みだ。それを消すことで苦しみも消える」と言ったが、その教えは現代でも通用する。いやそれどころか、脳が様々な情報に洗脳されて、次々に新たな「思い込み」を生み出している現代でこそ、その言葉は一層意味深いものとなるのである。

第七七話　**不合理な生存欲求こそが苦の原因**

仏教は、よく医療に例えられる。「生きる苦しみ」という病気を治すための医療である。健康な人もいつかは病気になって医者の世話になる。それと同じように、今は目の前の幸せを満喫している人も、様々な体験を機縁に「生き死に」の重さを感じることがあれば、「生きるというのはつらいことだ」と思い至って、仏教の門をくぐるようになる。

仏教が医療なら、釈迦はさしずめ病院の院長というところだが、ではその院長の診断結果はどのようなものだろうか。我々の苦しみの原因を、釈迦はどう見立てたのだろうか。仏教は人の心を扱う宗教だから、肉体的な問題には関わらない。病気やけがなどの肉体的苦しみは本物のお医者様に任せて、仏教は「心の苦悩」だけを治療対象とする。そして、その「苦悩」の根本原因を、釈迦は、「不合理な生存意欲」にあると考える。

人には、「生きよう」という本能的な生存意欲がある。それは生き物として普通のことだ。しかしその生存意欲が、意識の作用で不合理な姿にねじ曲がる時、「生きる苦しみ」が生み出される。

具体的にいうと、「自分」というものがいて、それを中心として世界があると考える。その自分の外側には、「自分の思いどおりになる世界、自分の所有する世界」というものがあると思い込む。その「自分」とか「自分の所有物」は、いつまでも永遠に存在すると期待する。そして、それらに執着することで、「ずっと今のままでいたい」という生存意欲が生み出される。もしも世の中が「ずっと今のままで続くもの」なら、そういう希望も叶うだろう。しかし、この世は必ず移り変わる。一緒にいた人がいなくなったり、うまくいっていた仕事が挫折したり、健康だと思っていた身体が病魔に冒されたり。いくら「ずっと今のままでいたい」と思っても、その望みは必ず打ち砕かれ、その時に私たちは、巨大な「苦」に直面するのである。

「生きよう」という意思そのものは純粋だが、「自分の思いどおりになる世界をひきずりながら生きよう」とすると、無理がかかり苦しみが起こってくる。だから、苦しみの根源は、「自分」とか「自分の所有物」といった我欲を生み出す愚かさにある。それを仏教では「無明」という。「生きる苦しみ」の原因は、自分の存在をあまりに絶対視して考える無明の愚かさだというのである。

治療法はただひとつ。自分に都合のよい勝手なものの見方を捨て、この世の有り様を客観的に正しく把握できる心を養うことである。無明を断ち切ることで、有害な自我を消し去るというのが、仏教病院院長先生の処方箋である。

第七八話　膨大な知の体系アビダルマ

科学の歴史では、ダーウィンとかアインシュタインとか、誰でも知っている天才ばかりが目につくので、こういった人がドカンドカンと、一挙に科学を立ち上げてきたように見えるが、実際はそうではない。数え切れない大勢の人たちの、地味で着実な仕事が集積し、醸成したところへ、異能の天才が現れて、それらの素材を一挙にまとめあげて新理論を作る、そんなかたちで科学は進んできた。

土台となる細かい素材がなければ、たとえ天才でも、独力で道を切り開くことなどできない。明快で魅力的な理論も、背後には、それを支える煩瑣《はんさ》な情報の山が必ずあるのだ。

実は仏教も同じだ。釈迦や、その弟子たちが、実際に修行をしていく中で発見した

「世界の構造」は、膨大なデータとして記録されている。それらは「アビダルマ」と呼ばれ、一生かかっても読み切れないほどの量が今も残っている。たとえば、たくさんあるアビダルマの本の中でも最大のものは、孫悟空で有名な三蔵法師玄奘が、インドから持って帰って漢文に翻訳した『阿《あ》毘《び》達磨《だつま》大毘婆《だいびば》沙論《しゃろん》』という本だが、ぎっしり詰まった漢文で一〇〇〇ページある。日本語に直したら、おそらく三〇〇〇ページを超えるだろう。中身は、「宇宙の話」「心の実態」「時間の正体」「因果の法則」「煩悩の種類とその消し方」「悟りの道筋」など、仏教が関わる、あらゆる問題が、恐ろしく緻密に語られているのだ。仏教にそんな領域があるということは、一般にはほとんど知られていないが、「法則性によって成り立つ世界の有り様を、合理精神によって書き記した宗教書の集成」という、世にもまれな分野である。昔は、見識ある僧侶なら誰でも勉強したものだが、今はすっかり色あせ、専門家しか扱わない。

しかし、たとえば「色即是空《しきそくぜくう》」といったフレーズにしても、アビダルマの知識なくしては正しい意味はつかめない。短い文句の背後にも、巨大なアビダルマ体系の情報の山が控えているのである。

近年、こうした短いフレーズに勝手な解釈をつけて、「これが仏教だ」と主張する傾向があるが、その原因の一つはアビダルマに対する無知である。基礎データなしに宇宙物理学を語るようなものだ。根拠もなく、短絡的に「宇宙とはこういうものだ」などと言い出せば、個人の独断ばかりが並ぶことになるのは当然だ。

仏教も科学と同様、堅実なデータに基づいて成り立つ世界だということを、ぜひ知ってもらいたい。

＊「色即是空」の色とは、「この世の物質全般」を意味する用語で、そこには目や耳などの感覚器官と、色や形、音や香りや味など、その感覚器官によって認識されるべき、すべての外的要素が含まれる。「色即是空」とは、「そういった物質的存在には、本質的な実在性がない」という意味である。この「色即是空」というのは、アビダルマの教えではなく、そのアビダルマに対抗して出てきた、大乗仏教の空の思想で用いられる言葉である。アビダルマでは逆に、「色は間違いなく実在している」と説く。

第七九話　認識は刹那の連なり

「意識」という言葉は、インド生まれの仏教語である。それは「意によって起こる認識」という意味だ。意というのは心のことだから、言いかえると「心によって起こる認識」ということになる。

「では、心以外のものによって起こる認識もあるのか」というと、ちゃんとある。眼によって起こる認識が「眼識《げんしき》（視覚）」、耳によって起こる認識が「耳識《にしき》（聴覚）」というように、眼・耳・鼻・舌、そして皮膚、という五種類の肉体上の感覚器官それぞれが認識を起こす。そして、「心」という認識器官が、「意識」という認識を起こすのである。つまり私たちの認識は、見る、聞く、嗅《か》ぐ、味わう、触れる、そして思う、の六種類なのだ。

私たちはどんな時も、この六種類の認識のどれかひとつだけを起こしている。「ひとつだけとは、そんなばかな。テレビを見ている時は、見ると同時に、音も聞いているではないか」と思うかもしれないが、そうではない。私たちの認識は、自分ではまったく分からないくらい、ものすごいスピードで一瞬ごとに移り変わっている。その、目にもとまらぬ一瞬一瞬を「刹那《せつな》」という。刹那はれっきとした時間の単位で、今で言うなら、何十分の一秒という短い時間に相当する。認識は刹那ごとに変わるのである。「テレビの画面を見ながら、同時に音も聞いている」というのは実は錯覚であって、本当は「見ること」と「聞くこと」を交互に行っているのだ。しかしその切り替わりがあんまり速いので、同時だと思い込むのである。

このように、人の認識はあちこち移り変わって落ち着かない。それを抑え込んで、「ある一つのことだけを思う」という一点に収束させることが精神集中である。刹那の連続の中で、思う→思う→思うという一貫した状態を作り出すのだ。

以上の説明は、アビダルマと呼ばれる仏教哲学の、ほんの一端である。脳科学的に正しいかどうかは別としても、仏教が、非常に知的な体系を持っていたことは分かってもらえるだろう。仏教は、ただ優しいだけではない。我々の知的好奇心に対しても、様々な魅力ある世界を見せてくれるのである。

第八〇話　すべては生まれ消えてゆく

若い時からアニメが好きで、宮崎駿さんの『天空の城ラピュタ』など、何度も映画館に通った。あの、本物よりも本物らしく動いて見える画面の躍動感がたまらないのだ。

しかし、止まっている画《え》を、一枚一枚連続してスクリーンに映し出すことで、どんな複雑な動きでも表現することができるというのは、なんと奇妙な話だろう。すべてはスクリーン上の一瞬一瞬の点滅の世界なのに、眺めている私たちは、それを、「一つのものが連続して動いている」と感じるのである。

実は、仏教が考える「時間の流れ」もこれと同じだ。私たちの世界は、本当は一瞬ごとに生まれては消え、生まれては消えを繰り返している。その、刹那ごとの点滅の連続を、「時の流れ」という。だから時間というのはスーッとなめらかに流れるのではなく、ブツブツ途切れながら進んでいく。たとえば私という存在も、一瞬ごとに生滅している。前の瞬間の私と、次の瞬間の私は別ものなのだ。

ただし、そこには「コピーの法則」というべきものが働いていて、特別なことがない限り、同じ私の姿が、次々にコピーされながら続いていくので、まるで一人の人物がずっと生き続けているように見えるのである。しかし、一枚の絵を繰り返しコピーし続けると、少しずつブレが重なって、画像が狂ってくるのと同様に、刹那刹那のコピーが繰り返されるうちに、私という存在も少しずつ変形していく。気がつけば、生まれた時の赤ん坊とは似ても似つかない、オジサンの姿になっている。このような、避けがたい崩壊現象を「諸行無常」というのである。

時間という特別なものがあって、それに沿って物事が進むと考えるのではない。そうではなくて、すべてが生まれては消えていく、その「諸行無常」の世界を、私たちが「時間」としてとらえているだけなのである。そして、その「生まれては消えるすべてのもの」を仏教語では有為《うい》と呼ぶ。「いろは歌」にある「うゐ」のことだ。仏教が目指すのは、「有為の奥山」を越えたところにある、もはや時の流れに翻弄されることのない平安の境地なのである。

第八一話　仏教が持つ伝達の力

日本を代表する遺伝学者の斎藤成也《なるや》氏は、高校時代からの友人だ。彼がサイトウで私がササキ、名簿の順で座ったのがご縁となって大親友になった。その斎藤君が先日、ふるさと福井で講話の会をお膳立てしてくれた。大人のための仏教講座である。秋の昼下がり。場所は大きな古民家の奥座敷。土間からあがって囲炉裏の脇を通り、座敷に入ると、行燈《あんどん》の光の中に講義机がしつらえてある。

座布団に腰をおろせば、前には三〇人ほどの聞き手が、陰影の中で静かに待ちうける風情。不自由な体で来てくれた義父の姿も見えて、家族の情愛に心が潤む。インドのことなどをポツリポツリ紹介しながら、少しずつペースを上げて仏教の本義を語っていく。話し手と聞き手が一体化して、夕刻の薄闇に溶け込んでいくようだ。二時間の話が終わって、気がつけば肌に当たる風も冷たくなっていた。

宗教が世に広まるには、「人に伝える」という行為が必要だ。世代を超え、なにか特定の「教え」や「世界観」が次々に受け渡されてはじめて、それは「宗教」という名の人間活動になる。

その場合、「なにを、どうやって伝えるか」が問題だ。たとえば、「この世には絶対者がいる」という教えを伝えたいなら、言葉だけでなく、荘厳華麗な雰囲気の「空間」や「芸術」を体験させることで、その絶対者の存在を実感させるのが効果的である。「教主様の御威光」を伝えたいなら、ただものではない神秘的な人物のイメージを創って、ひそやかにその姿をのぞかせるのがよい。

では仏教が伝えたいことは何かというと、「釈迦が体験した修行の道は、我々を確実に向上させる」という確信である。これを効果的に伝えるために唯一必要なのは、「道の正しさを得心させる、誠実な対話」である。つまり、まじめな気持ちで正しく語ることだけが、仏教伝達のためのまっとうな方法なのだ。

私はただの釈迦のスポークスマンだが、古民家での講話は、そういった仏教が本来持つ「伝達の姿」を実感させてくれた。暗い座敷で向かい合い、真剣に語り合うことで伝わっていく、愚直な宗教もあるということだ。

第八二話 すべての生き物は同類

まっとうな宗教なら、「人を殺せば幸せになれる」とは言わない。「自分が嫌なことは、他人も嫌がるに違いない」という同類への配慮があって初めて、人の心は和むのであって、他者を「殺してやろう」と、心がグツグツ煮えたぎっている者に、安穏などありえないからだ。宗教の目的が、「穏やかな日々の実現」にあるなら、そこには必ず「同類を殺すな」という教えが入ってくる。だから宗教は、流血とは一切無縁なはずなのだ。

ところが話は逆だ。誰もが知る通り、多くの宗教の過去は血塗られている。宗教のせいで殺された人の数は想像もつかない。これはあまりに大きな矛盾ではないか。なぜ宗教が殺人と結びつくのか。

その一番の理由は、「同類を殺すな」という場合の「同類」の意味の取り違えである。それを「同じ考えを持つ者」と限定してしまうと、「自分たちの考えに従わない者は同類ではない。敵だ。敵なら殺しても構わない」という理屈になる。殺さないまでも、「敵なら苦しめてもよい」と、憎しみが正当化される。

「同類」の意味をどう設定するかで宗教は、優しく穏やかなものになったり、苛烈で排他的なものになったりする。その宗教がどれほど平和的で穏健なものか知りたければ、その宗教の「同類意識の幅の広さ」を見ればよい。同じ宗教仲間だけでがっちり砦を築いて、外部の者を敵対視する宗教は、必ず暴力性を帯びてくるのだ。

仏教の歴史にも、血の染みはついている。それは否定できない。だが釈迦にまで遡れば、そこに暴力の影はない。釈迦の仏教は、「人には、仏の教えで助かる者もいれば、そっぽを向いて別の道を行く者もいる。せめて、こちらを向いてくれる者だけでも助けよう」と考える。自分たちの考えを認めない者を「教えの敵だからやっつけよう」などとは思わない。「こちらへ来てくれないのは残念だ」と失望するだけだ。すべての生き物は「同類」なのである。

「考えは異なっていても、生き物としては皆同類だ」と考えることで、釈迦の仏教は一切の暴力性を振り払った。その理念は、現代社会でも貴重な指針となるだろう。

第八三話　世間的価値観を捨てる

人は、立派な脳があるお陰で、かえって苦労することも多い。考えなくていいことまであれこれ考えて、憂い顔でため息つく動物は、ホモサピエンスだけである。大きな脳は、悩み事ではち切れそうだ。だがそれでも、私たちが絶望することなく毎日を過ごせるのは、数々の悩みにも耐えることのできる、なにか素晴らしい「生き甲斐」を持っているからだ。

仕事、子ども、創造的活動、あるいは人助け。なんにしろ、「毎日少しずつ先に進んでいる」という充足感や期待感が、心の支えになる。だから、もしそれを一生持ち続けられるなら万々歳だ。

しかし、その大事な生き甲斐が消えてしまうことがある。突然の災厄や身体の衰えのせいで生き甲斐を奪われると、人は絶望の淵に沈みそうになる。そんな時、人はどうやって生きていくのか。

八方ふさがりの中、モノクロに沈んだ苦痛の世界を、もう一度、色鮮やかによみがえらせるためには自分が変わるしかない。それは少しずつだ。

まず、自分に染みついた世間的価値観を捨てる。そうしないと、幸福な人たちとのギャップがいよいよ心に迫ってやりきれない。「世間的な幸せ」は、もはや「自分の幸せ」ではないのだ。

そして、「幸せの基準」は自分のあり方だ、ということを念頭に置く。自分の存在に誇りをもって、誠実に堅実に暮らす。そういう生活こそが、なによりも得難く、高潔な生き方だと思い至れば、生きることが価値あるものに思えてくる。「正しい心を持つこと」が生きる糧になるのだ。

この、「自分のあり方を一番の生き甲斐にする」という考えは、仏道修行の基本である。俗世を捨てて出家した修行者に、世間的な幸せはなにもない。身一つで瞑想する日々が、死ぬまで続く。その単調な、しかし誠実な毎日こそが、決して崩れることのない、一番頼りになる生き甲斐となる。出家とはそもそも、この世で生き甲斐をなくした人たちの、最後の選択だったのだ。もちろん、現代社会の中にあっては、簡単に出家することなどできない。しかし、たとえ出家はしなくても、修行者と同じように、正しい心を拠りどころにして暮らすことができれば、必ずそこに、生きる意味が見えてくる。

第八四話　劣等感を心の友に

「比べる」というのは、とても大切な行動だ。敵が来た時、「あちらとこちら、どちらへ逃げれば安全か」、瞬時に判断できない動物は逃げ遅れて殺される。獲物の争奪戦で「あれとこれ、肉が多くついている塊はどちらか」、正しく見分けないと、十分な食料にありつけない。

生きるために必須の、この「比べる」という行動は、やがて文化の基盤になった。個数や大きさの比較が数学を生み、音の高低の比較が音楽を生み、財産の量の比較が経済を生んだ。人はいつも、物事を比べながら暮らしているのだ。

我々は、自分自身も何かと比較する。子どもの頃は、自分を兄弟と比較し、近所の友人と比較し、大人になれば、同僚と比較し、上司や先輩、後輩とも比較する。その比較の対象が、ホクロの数や耳の大きさといったつまらないことなら問題はない。

しかし、プライドの拠りどころ、自我の土台で優劣がでると、一気に感情が燃え上がる。日々続けてきた仕事の面で「人より劣っている」と感じる時、自分の存在そのものが無意味なように感じられる。劣等感は、蔓草《つるくさ》のように我々の心にからみつき、胸をしめつけて苦しめるのだ。

仏教に「慚《ざん》」「愧《き》」という、心の状態を表す言葉がある。「良い人を敬い、至らぬ自分を反省する」という意味だ。慚愧はとても善いことで、悟るための必須条件とされている。なぜなら、その謙虚さが、自分をいっそう高める活力になるからだ。

だがこれは、実は劣等感を別の角度から見たものにほかならない。「自分は劣っている」という思いはどちらも同じだ。ただ劣等感は、「他人より劣っているから、私には価値がない」と考えるが、慚愧は、「劣っているから、その分、傲慢にならなくてすむ。傲慢にならないから、まだまだやれる」と考える。劣等感を別の方向から見て、「さらなる向上のための活力源」として積極的に捉えたのが、仏教の慚愧なのだ。

劣っていることは少しも心配ない。一番悪いのは、傲慢になって地道な努力をやめてしまうことだ。劣等感は、それを防いでくれる。しつこい蔓草に思える劣等感も、実は心の大切な栄養。見方を変えれば、素晴らしい一生の友になるのである。

第八五話　## 時代の枠の中に潜む差別

「人みな平等」という言葉は、あまりにあたりまえで新鮮味もないが、その「あたりまえ」なところが大切だ。長い人類史の中、「人は生まれながらにして平等だ」という考えが定着したのは、この数世紀のこと。先人の苦労があって、ようやく身についたものだ。それが今ではごくあたりまえに思える。我々は、とても恵まれた世に居合わせているということだ。

だが、そんな我々のうちにも、まだまだ恐ろしい差別性は潜んでいる。これからの生命科学は、そういった我々の隠れた差別性をえぐり出すことになるだろう。

たとえば、クローン技術で生まれた人間をどう扱うか。人が生まれながらに平等なら、どんな生まれ方をしようが、人は人。「一般人とクローン」といった分け方そのものが不合理な差別である。しかし、愛する人の分身として産んだ子と、自分の皮膚細胞の一片から生まれたクローンの子を、同じ気持ちで慈しむことが本当にできるのか。これは将来必ず我々に降りかかってくる問いかけである。

釈迦は、非常に高度な平等主義者だった。家柄・血筋で人の価値が決まると考えられていた古代インドで、決然とそれに反旗を翻し、「人の価値は、生まれではなく、心根や行為によって決まる」と説いた。当時としては革新的な主張だ。

だがその釈迦が作った仏教僧団にも、様々な差別が残った。世間の人びとからもらうお布施だけが頼りの仏教は、当時のインド社会の差別意識に逆らうことができず、障害者や重病人の出家を認めなかったし、男女間に格差を設けて女性修行者を低く見た。その差別は、釈迦にも逆らいがたい、きわめて強固な社会常識だったのだ。

人は、どんなに一生懸命に考えて「これが最高」と思っても、時代の通念の枠から飛び出すことはできない。釈迦は精いっぱいやったが、今から見ればまだまだ不十分だった。そして同じことが我々自身にも言えるということを肝に銘じねばならない。「人みな平等」といって、それで済むわけではない。「真の平等とはなにか」を常に問い続けなければ、あっという間に「差別の淵《ふち》」でおぼれてしまうのである。

第八六話　一度きりの言葉が伝える教え

釈迦が生きていた二五〇〇年前のインドには、文字文化がなかった。人が人へ、思いを伝える手段は、口から発する言葉だけ。その言葉は、音波となって相手の耳に届くと、そこで消滅する。それを記録しておく手段がなにもないのだから、いったん言葉を聞き逃せばそれっきり。失われた情報は二度と取り戻せない。聞いて覚えるという一瞬の作業が、思想を伝達するための唯一の手段だったのだ。

釈迦の教えは、そういった文字のない世界で、何代にもわたる師弟間の言葉のリレーによって受け継がれてきた。一言一句間違えないよう真剣に語る師匠と、それを丸ごと記憶しようと歯を食いしばって聞き入る弟子の、緊迫した空気の中で伝えられてきた、知力の賜物なのだ。

「昔の人は大変だったんだなあ」と感心する前に、我が身のことを振り返ってみよう。現代は、映像でも音でも、好きなだけ保存できる時代になった。流れ込んでくる情報を機械の中にためておいて、利用価値のあるものだけをゆっくり選んで頭に入れていけばよい。腰を据えて何度でも繰り返し学習できると思えば気も楽で、「学び」は日常の楽しい娯楽にもなる。

しかし、そこに、「これが最初で最後だ」というギリギリの切迫感はない。すぐれた人から聞く一回限りの言葉を「宝物」として大切に胸に抱え、何度も反芻し、その意味が身体に染み込むまで理解する。そういう経験をさせてくれる切迫感がないのだ。

どんなに多量の情報が洪水のように周囲を流れていても、自分自身が強い吸収力を持っていなければ、それを有効な養分として使うことはできない。どんな社会にあっても、最後に情報の価値を決定するのは、我々自身の真剣さなのだ。

「お釈迦様が来ておられる」と聞いて、何日もテクテク歩いて会いに行き、そこで聞いた一度きりの教えを、一生かけて考え抜く、そういう生き方をしていた当時の信者からみれば、言葉をポイポイ使い捨てにする現代社会は、「智慧を磨くのが難しい、大変な時代だなあ」ということになるだろう。

第八七話　**言葉を磨くことも修行**

言葉というのは、使い方が難しい。口から発せられた音声の並びや、紙に書かれた文字の列が、場合によっては人の心をズタズタに引き裂いてしまう。殴ったり蹴ったりしなくても、悪意を込めた言葉を送るだけで、相手に致命傷を負わせることさえできる。その言葉を生み出すのは人の頭脳だ。邪悪で愚かな頭脳を持つ者は、言葉を凶器として振り回す。言葉の暴力は、愚か者の証しである。

仏教では、十不善といって、「してはならない悪い行為」を、大きく一〇種に分類するが、そこには、「殺す（殺生）」「盗む（偸盗《ちゅうとう》）」といった一般的な項目と並んで、言葉に関係する悪行が四つも入っている。「嘘をつく（妄語《もうご》）」「人の間を裂くような二枚舌を使う（両舌《りょうぜつ》）」「荒々しい言葉を吐く（悪口《あっく》）」「理の通らないことを口にする（綺語《きご》）」の四つである。仏教が「言葉の暴力性」をいかに嫌ったかがよく分かる。

この四つの悪行は、言葉を通して、人の心を邪悪で卑しいものへと堕落させる。他者を傷つけるだけでなく、自分自身を劣化させていくのだ。嘘ばかりついていると、次第に嘘と真実の区別が分からなくなって、自分に都合のいい虚偽の世界で生きる利己的人間になってしまう。荒々しい言葉で人を怒鳴りつけてばかりいると、人の情愛を推し量る感受性が摩耗してきて、たおやかさが失われる。つまり、野蛮なけだものへと近づいていく。それは、「すぐれた自己の完成を目指す」という仏教の道を逆行することになる。だからこそ、言葉の暴力を、仏教は徹底して嫌うのだ。

優しく正しい心を持っている人の言葉は優しくて正しい。それはそうだろう。だが仏教が主張するのは、「今現在、粗暴な心に支配されている人でも、優しくて正しい言葉を使うよう努力し続ければ、やがて自分の中に優しく正しい心が生まれてくる」ということなのだ。自分の言葉を自分でコントロールしていくことが、そのまま修行になると言っているのである。「相手の気持ちをくみ取りながら、慎重の上に慎重を重ねて、誠実に言葉を紡ぎ出す」、そういう日々を送ることで、我々は自分自身を磨いていくことができるのである。

第八八話　根源的な煩悩を見極める

仏教の話には、煩悩という言葉がよく登場する。心の中の悪い要素のことだ。除夜の鐘が一〇八回、数珠の珠《たま》も一〇八個。それは煩悩の数を表していると言われる。ただそれも、少なく見積もった数字であって、細かいものまで含めれば、まだまだ増える。仏教の目的は煩悩を消すことだが、そんなにあると大変だ。

秘法があって、えいっと気合を込めれば一瞬ですべての煩悩が砕け散り、あとには清らかな悟りの心が残る、というのなら苦労しないが、そうはいかない。煩悩という、陰湿で凶暴な悪の虫は、べったりと心に張り付いてなかなか剝《は》がれない。それを丁寧に剝がしては捨て、剝がしては捨て、それが修行の道である。

ただし、煩悩が無数にあるとしても、それを一つずつ全部消していく必要はない。仏教では、煩悩にも「親分格の煩悩」と「子分煩悩」の違いがあって、親分煩悩を消せば、子分も自然に消えると考える。大切なのは、消すべき親分煩悩をしっかり見極めることだ。親分とは、「愚かさ（癡《ち》）」「憎しみ（瞋《じん》）」「貪欲（貪《とん》）」といった、人の本性にかかわる根源的な劣悪性である。子分は「なまけ」「けち」「軽率」といった、個別の悪玉である。

日々の生活で、「私はなまけ癖があるなあ」「けちんぼうだなあ」と、子分煩悩の方を反省した経験は誰にでもある。しかし親分煩悩は、もっとずっと深いところ、自分では気付かないようなごくあたりまえの生活に潜んでいる。親分煩悩を消すというのは、なにも憎まず欲しがらず、自己中心の考えを捨てて、すべてを合理的に公平に見ていく、そんな暮らしができるということだが、それがどれほど難しいか考えてみれば、親分煩悩のたちの悪さがよく分かる。

本当に悪いやつは、陰にかくれて、見えないところで人を苦しめる。それを見つけ出してふんじばるには、智慧と忍耐が必要だ。しっかり磨いた智慧の力で、辛抱強く悪玉を追いつめていく。除夜の鐘は、そのスタートの合図にすぎないのである。

第八九話　慈しみの心が人を育てる

小さい頃、よく詩を書いていた。ある時それがサトウハチローさんの目にとまって褒められた。サトウさんは、「リンゴの唄」や「ちいさい秋みつけた」のような、日だまりの温かさで人の心をふわりとくるむ優しい詩をたくさん書いた人だ。そんな偉い詩人が、私の詩を、「ここにこういう言葉を使っているところがいい」と、きちんと理を通して評価してくださった。それは四〇年以上前、小学生の頃だったが、思い出すと、今でも嬉しさが心に溢《あふ》れる。

詩の才能など、もうすっかり消えてしまったけれど、それでも、立派な人に認めてもらったという自信が、ずっと私の支えになっている。「偉いね」「うまいね」とぼんやり褒められるのではなく、自分では気付かなかった長所を、理にかなった言葉で見いだしてもらう時、人は一生涯続くほどの喜びを感じるものなのだ。

釈迦という人は、大勢いた弟子の、一人一人の特性をしっかりと見極め、性格に応じた効率のよい修行方法を指導していた。たとえばチューラパンタカというお弟子さん。記憶力が悪くて何も覚えられない。修行しても全然だめ。本人もがっくり気落ちしている時、釈迦は、「チューラパンタカよ。無理して覚えなくてもいい。お前には別の道がある」といって、日々の掃除を勧める。言われたとおり、毎日毎日掃除をしているうち、次第に心が澄んできて、とうとう悟りを開いてしまった。融通のきかない、言われたことしかできないチューラパンタカだからこそ、せっせと掃除に励むことで悟ることができる。釈迦の慈愛の目がそれを見抜いたのである。

いくら文明が進んでも、人を育て、生きる後押しをするのは、豊かな経験を積んだ先人の、温かくて深みのあるまなざしだ。「自分を見ていてくれる人がいる」という思いは、心の成長にとっての、何よりの栄養となる。子どもの頃、サトウハチローさんからもらった温かい思いは、釈迦が弟子を育てる「慈愛の心」につながっていたのだと、今になってそのありがたさが身にしみる。

第九〇話　老いることの豊かさ

私たちの体は、一生の間にゆっくり朽ちていく。これはつらいことだ。若い肉体のままでいたいと望んでも、そんなわがままは通用しない。人の体が年とともに衰えていくのは、避け難い人生の苦しみである。ならば心はどうか。心も、体と同じように衰えていくのだろうか。

確かに認知症など、脳に様々な不都合が起こってくる可能性は高まる。しかしそれも、脳という「肉体」の老いである。私が言いたいのは、「脳も含めた肉体の器官は年とともに衰えるが、心はどうなるのか」という問題である。老人の心は、若者の心よりも弱いのだろうか。

年をとれば、残りの寿命は減る。体は衰え、記憶も薄れ、背後から死の薄闇が忍び寄る。しかしだからこそ、年をとった人は、その切ない状況を、我が身のこととして確実に感じることができる。年をとった人には、元気はつらつな青少年には分からない、「人生の本質的な苦しみ」をおのずから感得する力が生まれてくる。肉体が衰えていくからこそ、そこに宿る心には、生きることの本質を見通す洞察と、そこから生まれる、他者に対する深い優しさが備わってくる。それは、年をとることのなによりの恩恵である。

釈迦はインドで、王子として生まれた。裕福で満ち足りた生活を送っていたのに、三〇歳を前にして「人生の苦」を感じ取り、すべてを捨てて出家した。類《たぐい》まれな感受性のおかげで、年若くして、生きることの本質を見抜いたのだ。そして悟りをひらき、人びとに教えを説いた。

それが、仏教という慈悲深い宗教になった。釈迦は、自分自身の苦しみを、深く切実に感じ取ることができたからこそ、その苦しみに耐えて生きるための道を見いだすことができたのだ。

年をとるということは、この釈迦の道を追体験することである。苦悩を感じ取る力が、心を磨くのだ。お年寄りはなぜ偉いのか。それは、生きる辛さを知っているから、そして、その辛さを抱えて生きる中で、智慧と慈悲の意味を本当に理解しているからだ。年をとることそのものが修行なのである。

第九一話　因果に惑わされない

因果応報という考えがある。「善いことや悪いことをすれば、それは皆、潜在エネルギー（業《ごう》）となって保存され、未来の幸せ、不幸せの種になる」という教えだ。本来は、「だから悪いことはするな」という忠告なのだが、これを逆手にとって、「今、不幸な目に遭っているのは、あなたが過去に悪いことをしたからだ」などと言う人がいる。ひどい言いがかりだ。

もし仮に因果応報があったとしても、この世の誰もが、善悪のエネルギーを山のように背負い込んで生きているはずだから、皆平等だ。人のことを批判している、その当人も、いつ何時、過去の悪のエネルギーが表面化して不幸になるか分からない。しかも潜在エネルギーは、幸・不幸の一因として働くだけで、人生の流れ全体は、他の様々な原因の積み重なりによって決まるとされている。だから人が、他人の幸・不幸を、分かったように説明することなどできるわけがないのだ。私たちが為すべきことは、他人の不幸せの解説ではなく、自分の現在の姿を正しく方向付けていくことなのである。

今、生活がうまくいかなくて、苦しい目に遭っている人たちのことを、「それは自己責任だ」と切り捨てる人がいる。では聞くが、そうやって批判する人は、今苦しんでいる人たちの、その苦しみの原因を、きちんと論理的に説明できるのか。自己責任という以上は、「どんなことをした責任で今苦しんでいるのか」を、一人ひとりについてはっきり言えるはずだ。もし言えないのならそれは、誤った因果説を振り回して、他人の不幸を軽々しくあつかう愚か者と同じだ。

人生は、才能や努力だけで成り立つものではない。偶然の巡り合わせに大きく左右される。それは、自分の人生を振り返れば誰でも分かるはずだ。だから、幸・不幸の理由は、人それぞれ全部違う。それを十把一からげにして「不幸は本人のせい」とは、不合理きわまりない。

今、不況の中で苦しんでいる多くの人たちは、因果応報でもなく、自己責任でもなく、この社会の巡り合わせのせいで苦しんでいる。社会の巡り合わせが一番の原因なのだ。だからこそ、その苦しみをなくすために必要なのは、社会を動かす側に立つ人たちの「責任ある行動」なのである。

第九二話　生き甲斐をなくした人に寄り添う

第八三話で「もし生き甲斐をなくしたら、世間的価値観を捨てて、自分自身の誠実な生き方を拠りどころにすべきだ」と言った。これに対し、「今、生きる術《すべ》を奪われて食うや食わずの人たちに、誠実な生き方だの何だの、そんなのんきな助言をして何の役に立つのか」という批判を受けた。これはとても大切な問題なので、改めて私の考えを述べておきたい。

ここで一番重要なのは、「生きる術」と「生き甲斐」は別ものだという点である。生きる術とは、つまり食べていく道である。仕事をなくした人たちは、それを奪われて困窮している。そして、それを供給することができるのは、国などの社会組織である。その動きを宗教が後押しすることは当然だが、宗教団体が直接社会改革に乗り出すことは許されない。

宗教というのは、それがどんなに穏やかで寛容な教えであっても、「ある一つの生き方を説き広める」活動だから、もし政治的な力を持てば、皆に、その特定の生き方を強要することになる。宗教が絡みついた政治は、必ず全体主義へと向かうのだ。生きる術に関しては、宗教はいつでも、裏方に徹するべきなのである。

これに対して、生き甲斐とは、個々人の心の問題だ。生活水準とは別の次元で、人の「生きよう」という思いを支える杖である。子どもの成長、会社での地位、自分にしかできない仕事。生き甲斐の中身は人によってみな違う。そして、その生き甲斐が、なにかの理由で突然失われた時、どうするか。私が言いたかったのはそれである。社会の問題ではない。一人ひとりの個人的な苦悩だ。まわりにいくら訴えたところで、誰が解決してくれるわけでもない、そういう人たちに、「こんな生き方もあります」と、別の杖を差し出してみせる。それが宗教の仕事だ。

不況の中、生きる術を奪われた国民を、総抱えで救うのは、日本国の責務である。そして、生き甲斐をなくしてすわり込む人のそばで、一緒にしゃがんで声を掛けるのが、宗教の役目なのである。

第九三話　お坊さんの価値

おみくじの値段は一〇〇円が相場だろう。私も時々買う。吉でも凶でも気にしないが、一〇〇円分だけ心がドキドキして面白い。しかし考えてみると、人からお金を取って、当たりはずれも定かでない紙切れ一枚渡して澄ましているのは、一種の詐欺ではないのか。「けしからん」と息巻くのが筋のようにも思えるのだが、やっぱり巫女《みこ》さんの姿を見ると「一枚ください」とお願いしてしまうのだ。

おみくじが詐欺にならないのは安いからだ。一〇〇円なら、みんな「一〇〇円分の言葉」しか期待しない。当たらなくても誰も怒らない。しかしこれが一枚一〇〇万円なら詐欺だろう。「一〇〇万円分の言葉」が遊びですまされるはずがない。それは、一〇〇万円の価値のある商品でなければならない。つまり、その予言は必ず当たらねばならないのである。

宗教家だって生身の人間だから、なんらかの形で生計を立てる。扱う商品は「儀礼」「予言」「癒やし」や「教え」である。問題は、その値段だ。おみくじの適正価格は一〇〇円。なぜなら売る方も買う方も「気休め」だと承知しているから。もしそれが「必ず当たる予言」なら一〇〇〇万円で売れるはずだが、そうならないのは、当たらないからだ。

では仏教の僧侶に払うお金、「お布施」はいくらが適正か。一〇〇円か一〇〇〇万円か。これは、実は決められない。なぜならお布施は、「もの」や「サービス」ではなく、その僧侶の「姿や言葉」に対して払うものだからである。おみくじなら、実費+気休め料+利益で計一〇〇円と計算できるが、「僧侶の姿」となると決まった基準がない。「一〇〇円で十分」という場合もあるだろうし、「一〇〇〇万円でも惜しくない」ということだってある。お布施は、僧侶自身のあり方に対する、まわりの人々の外部評価の表れだ。その額は、お布施をする側が決める。自分で納得した額が適正価格になるのだ。

僧侶の価値は、その僧侶の存在が自分にとってどれほどの重さを持つか、その一点で決まるのである。

第九四話

仏教の「信」は信頼の「信」

お釈迦様の教えは素晴らしいが、だからといって私は、釈迦を完全無欠な超人だとは思っていない。釈迦も我々と同じ人間。そのことは歴史的事実である。その釈迦の前でひたすらひれ伏し、その言葉や行いの、なにからなにまで、すべてを一切疑うことなく受け入れる、そういう生き方が正しいとは思えないのだ。

この私の考えには、反発する人も多い。「宗教というのは、教祖様の言葉を理屈抜きに丸ごと信じるものだ。それができないというのは、信仰がない証拠だ」、といった批判である。もし仏教が、「信仰によって成り立つ宗教」なら、この批判は正しい。釈迦だって、時には間違うことがあったと考えている私は、けしからん不信心者である。

しかしそもそも釈迦の仏教は、信仰で成り立つ宗教ではない。仏教でも「信じなさい」とは言うが、それは、「釈迦の説いた道が、自分を向上させることに役立つ」という事実を「信頼せよ」という意味である。仏教の「信」とは、信仰ではなく信頼なのだ。この違いは大きい。

信仰とは、「絶対に正しい存在がこの世にいる」と考えて、その前に自分のすべてを投げ出し身を任せることである。だから神や超越者に救いを求める宗教では、信仰が、何より大切な原動力となる。一方、釈迦は絶対者の存在を認めなかったから、そこには信仰の対象というものがない。すべてを任せれば救ってくれる、そういう者はどこにもいないのである。

釈迦自身は、普通の人間だ。ただ常人よりもすぐれた智慧があって、「超越者のいない世界で、生の苦しみに打ち勝つ道があること」を独力で見つけ出した。そしてそれを私たちに教えてくれた。だから私たちは、その道を信頼する。釈迦という人物を信仰して、「助けてください」と祈るのではない。釈迦が説いた、その道を「信頼して」、自分で歩んでいくのである。だから、釈迦が完璧な絶対者でなくても少しも構わない。道を信頼する気持ちがあれば、それだけで仏教は成り立つのである。

第九五話　釈迦の遺言

釈迦は遺言を残している。弟子が、「お釈迦様、あなたが亡くなったら、私たちは何を拠りどころにして生きていけばよいのですか」と尋ねた時に答えた言葉だ。「私が死んだ後の拠りどころは二つある。一つはお前たち自身。そしてもう一つは私の教えである」と言った。拠りどころは、自分自身と釈迦の教え。つまり、釈迦の教えを土台にしながら、自分でしっかり考えて行動せよ、というのである。

「神秘的な絶対者を信仰して、そこに救いを求めよ」とは言わなかったし、「誰それを後継ぎに指名するので、その者の言うとおりに生きよ」とも言わなかった。つまり、誰かに導いてもらえるとは思うな、ということだ。「悟りへの道順は教えておくから、それを頼りに自分で進んでいきなさい」と釈迦は言い残したのである。だから仏教は「自分で修行する宗教」になった。拠りどころを二つしか言わなかったことに意味があるのだ。

それが一つでなく二つあるということも重要だ。もし「自分自身を拠りどころにせよ」とは言わず、「私の教えだけが唯一の拠りどころだ」と言ったとすると、弟子たちは、釈迦の教えを金科玉条として崇拝し、「それさえ守ればよい」と考え始める。本来なら、その教えをもとに、独自の工夫や発想で「自分の修行」を見いださなくてはならないのに、そうはならずに言葉だけが権威化していく。「一見修行しているように見えるが、実際はパターン化した儀礼を繰り返すだけ」の、衰弱した僧団になってしまうのだ。

それに対して、「お前たち自身もまた、修行の拠りどころなのだ」と言われると、安易に教えを伏し拝むだけではすまなくなる。教えを受け取る自分のあり方が問われるからだ。「立派な教え」と「たゆまぬ自己改良」、この両者が対になってはじめて釈迦の遺言は実を結ぶ。

世に、すぐれた教えや思想は多いが、それを知るだけでは意味がない。自分で考え、実践する気概があってはじめて価値が出る。それが釈迦の遺言に込められたメッセージである。

第九六話　学校で教えない必須課目

日本は教育立国である。学びのシステムが、実にきめ細かく整備されている。そして、「どんなことであれ、学ぶことは良いことだ」という社会通念が確立している。この、教育重視の姿勢は、日本が長年かけて培ってきた国民精神であり、我が国最大の財産である。

だがそんな日本でも、宗教教育だけは別扱いだ。戦前の日本が国家神道に振り回された反省から、教育機関で宗教を教えることに強い制限が課せられている。だから、好奇心旺盛な日本人も、こと宗教に関しては、「分からない」「興味がない」という人が多い。この状況が悪いわけではない。自我の確立していない子どもに特殊な価値観を植え付けると、知的柔軟性が損なわれる。子どもは、できるだけ偏《かたよ》りのない世界で、純粋な知的好奇心だけを拠りどころにして教育するべきだ。

しかしその一方で、宗教が社会生活の重要な一要素であることも事実である。この世の多くの出来事は、宗教と関係している。宗教心のあるなしにかかわらず、私たちはいやでも宗教がらみの世界に巻き込まれ、深刻な影響を受ける（オウム事件を見よ）。世に渦巻く様々な宗教の本質が分からないと、社会情勢を読み解くことも、自分自身の拠りどころを決めることもできないのだ。

日本は今、子どもたちを宗教から隔離して育て、清潔ではあるが免疫のない状態でそのまま世に送り出している。送り出される先は、様々な宗教が、信者獲得にしのぎを削る、生々しい精神世界の荒海だ。知らぬ間に洗脳され、上から言いなりの操り人形に身を落とす。そんな危険な状況が目の前にある。必要なのは彼らに、「自分たちは、宗教教育を受けていない人間だ」という自覚を持たせることである。その自覚があれば、「まず学ぼう。いろいろ知って、それから考えよう」という思いがわく。そしてそれが、宗教を客観的に見る目を養うのだ。

この世には、学校で教えない必須課目もある。「学問ノススメ」は、宗教世界でも大切な指針なのだ。

第九七話　学問に吹き込まれる生気

タイの僧院でコブラと一緒に修行している日本人僧侶がいることを、以前、紹介したが、先日そこへ行ってきた。タイ北部、人気のない広い森の中だ。そこに修行道場や、石造りの宿舎が点在している。その一室に寝泊まりしながら、朝三時半から始まる僧院生活を体験した。

四時から一時間ほど瞑想して、そのあとお経を唱え、掃除を済ませて、夜が明け始めたら托鉢に出かける。四、五キロ歩いて近隣の家々をまわり、ご飯やおかずを鉢の中に入れてもらう。もどったら、もらった食べ物を器に盛り、みんなで分けて食べる。これがだいたい八時半頃。そしてそのあとはまったくの自由時間である。一日の自由時間、およそ一二時間。仏教の修行生活とは、つまり、「自由に使える時間を大量に生み出すために工夫された生活」のことなのだ。

今回私は、この自由時間を使って、現地で修行に励む二人の日本人僧侶と勉強会を開いた。そのお二人は五〇代と三〇代。菩薩《ぼさつ》のように穏やかな黙考の人と、烈火の気迫で修行に邁進する、豹《ひょう》のような野生人という、絵に描いたような好対照だ。そんな二人と、森のテラスに座卓を置いて、毎日、日が暮れるまで古代インド語の聖典を読み続けた。読んだのは「律」。お坊さんのための法律書である。

古代インド語は私の方がよく読める。しかし、生活の中で実際に律を守って暮らしているお坊さんたちは、律の全体が丸ごと頭に入っている。普通ならとても覚えきれない膨大な情報も、日々の鍛錬の中で、血となり肉となって自己の内部に溶け込んでいるのだ。

私は、二〇〇〇年以上前に書かれた本を頼りに、「こう書いてあります」と語る。二人の僧侶は、「それは、実際にはこれです」と言って実物を見せてくれる。「こんな儀式のことが書いてあるのですが、今でも行われているのでしょうか」と問えば、「ああ、それなら私、実際に見ました」という答え。二〇〇〇年のギャップが、彼らの事もなげな言葉によって次々に埋まっていく快感。頭の中だけで組み上げてきた私の学問に、初めて生気が吹き込まれたような思いだ。逆に、二人は、毎日当然のこととして守っている律の規則にどういう意味があるのか、なぜそんな規則ができたのか、そういった疑問が私の説明で氷解していくのがうれしかったようだ。互いに、出会いの喜びを味わいながら毎日を過ごした。

釈迦の教えの本当の姿は、学問と実践が交わるところに立ち現れてくる。その事実を肌身で知ったタイ旅行であった。

第九八話　仏教を語るということ

ニュートンは随分と性格の悪い人で、人から尊敬されるような人格者ではなかった。偏屈で冷酷で嫉妬深い人だった。しかし、そのニュートンが見出した万有引力の法則は、超一級の発見である。物理の世界で大切なのは、発見の内容であって、それを発見した人物の人柄は関係ない。「正しいことを語っているかどうか」だけが判断基準となるのだ。だからいくら嫌な人であっても、やはりニュートンは科学の偉人として名が残る。「正しいことを語る」、それがすべてなのだ。

この考えは、他の多くの分野にも通用する。経済でも政治でも文学でも、正しいことを語れば、その人は立派な一流人だ。しかし、仏教は違う。正しいことを語るだけでは、不十分なのである。

仏教は、人が歩むべき道を説き示す宗教だが、その基本は、「誠実に暮らしながら修行に励め」ということだ。だから、仏教を信奉する者は必ず、誠実な生活を心がけねばならない。穏やかに実直に生きることが釈迦の教えの第一歩なのである。ということは、平気で他人を傷つけるような人は、基本的なところで仏教が分かっていないということになる。

たとえば誰かが、「仏教とはこれこれこういう教えだ」、と主張したとしても、その言い方が、人を貶め、尊厳を踏みにじる乱暴なものなら、その人自身は仏教が分かっていないということになる。したがって、その人が説く「仏教」そのものが信憑性を失う。釈迦の教えを人に伝えるための言葉は、必ず穏やかで理を尽くしたものでなければならない。仏教を伝える場合には、「正しいこと」を、「正しいかたち」で語ってはじめて正当性が認められるのである。

世の中には仏教を語る人が大勢いる。信条や個性の違いで、内容は様々だ。心の中の問題だから、科学と違って白黒はつけられない。しかし少なくとも、乱暴で傲慢な言葉で語られた仏教に真実はない。それは確かなことだ。この基準は良い仏教と有害な仏教を見分ける際の重要なポイントである。

第九九話 心の法則性を知り、心を改良する

私たちは、この宇宙に「科学の法則」というものがあることを知っている。そして、「科学法則を正しく理解し、利用すれば、自分たちの生活を、より良いものに変えることができる」と考える。実際、今の文明社会が、科学の法則を利用して成り立っていることは誰でも分かっている。法則そのものは、良いものでも悪いものでもないが、それをうまく正しく使えば、自分たちの役に立てることができる、そういう理屈である。

実は釈迦も、同じことを考えた。違いは、その法則が「外部の法則」ではなく、「心

の中の法則」だという点にある。外部の法則性を解明して、それを社会の向上に役立てるのが科学の目的。人の心の法則を解明して、それを「苦しみからの脱出」に役立てるのが、仏教の目的である。心の法則をうまく利用して、安らぎの状態に持っていこうというのである。

人の心には、苦を生み出す仕組みが備わっている。心には、煩悩と呼ばれる悪要素がいくつもあって、それが外的な原因をきっかけとして活発に動き出すと、現実に合わない誤った認識が起こり、叶うはずもない願望を生み出す。たとえば気に入った物が手に入ると、「貪欲《とんよく》」という煩悩が動き出し、「これは私の物だ。私だけが、この物を自由にする権利があるのだ」と認識し、そして「これを永久に持ち続けたい。永遠に生き続けて、いつまでもずっと持っていたい」という、叶うはずのない願望が生まれてくる。叶うはずがないのだから、当然最後には願望は失望に変わり、心はもだえる。そのもだえが苦しみとなるのだ。だから、苦を根本的に取り除くには、その「苦を生み出す仕組み」そのものを消すしかない。

煩悩を刺激する外的な原因は、世の中に無限にあって、それを消すことなどできないから、「心の中の仕組み」の方を消すのである。それが「修行による心の改良」である。

普通なら「とらえどころのない、曖昧模糊《あいまいもこ》とした不思議な領域」としか思えない「心の中の働き」だが、仏教はそれを、「いや、一見無秩序に活動しているようにみえる心の働きにも、その根底には決まった法則性がある。人それぞれ、心は皆違っているように思えても、実は人の心のすべてに共通する基本的な定則というものがあるのだ」と見抜いた。しかもその法則は、神秘的な絶対者とはまったく関係のない、機械的に作用する自然法則である。だから、「苦しみを消し去りたい」と思うなら、苦が生み出される作用をもとへもとへとさかのぼっていって、「苦の根本原因はなにか」を論理的につきとめて、それを消せばよい、ということになる。その考察結果を一言でまとめたものが、今言った、「煩悩を消すことで苦が消える」という構図である。私はここに、仏教のすぐれた科学性を見る。一見無秩序に思える雑多な現象の中から、全体を統括する基本法則を取り出そうとする姿勢は科学と同じである。科学のように数字で表現できる話ではないが、全体が理詰めで成り立っているところに仏教の合理性を見て取ることができるのだ。

第一〇〇話　**釈迦の教えに魅せられて**

釈迦はたった一人、菩提樹の下に坐って、悟りを開いた。そのあと布教の旅に出て、まとめて五人を弟子にした。釈迦と合わせて総勢六名。これが仏教の出発点である。それからも一〇人、一〇〇人と、弟子の数は次第に増えていったが、インド全域からみれば微々たる豆粒団体。釈迦が亡くなった時も、まだそんな状態のままだった。今でこそ、信者数四億近くの巨大宗教となった仏教も、出だしはちっぽけな、地方の修行者集団だったのである。

しかし、跡を継いだ弟子たちの努力や、アショーカ王という強力な後ろ盾の登場で、その後数百年のうちにインド全域にまで広がった。それからさらに二〇〇〇年。着実に拡大の道を歩み続けた仏教は、今や欧米にも多くの拠点を持つ、世界的な普遍宗教にまで発展したのである。

だが、そういった右肩上がりの繁栄も、裏を返せば、釈迦の教えが、時代の塵にまみれていく歴史でもある。二五〇〇年間、世界各地へ広がり続ける中で、釈迦が説いたおおもとの教えは次第に変形し、本来の道から逸れていった。その流れを遡って、なんとかもとの姿を今に復元したい。それが私の望みである。

もしも人生の苦しみが、文明の力で消せるというなら、今さら大昔のインドの宗教などひっぱり出す必要もない。最先端の現代文明がすべての苦悩を解決してくれるはずだ。だが、寿命が延び、生活が便利になり、自由時間が増えても、やはり悩みは生まれ、苦しみは続くではないか。文明は私たちに多くの安楽と安心を与えてくれたが、それでも消せない苦悩はある。

釈迦は言った。「うわべの幸福では消せない苦悩がある。それは、老いと病と死の苦しみだ」。その苦悩を消すために釈迦は仏教を生み出した。私は仏教学者になって、そのお釈迦様と出会い、老いと病と死から心を守るための教えに触れて魅了された。だから、その釈迦の仏教を伝えたくて、この本を書いた。それが私の存在意義だと思ったからだ。不備不足を恥じつつも、自分のやってきたことが少しでも人様の役に立つかと思えば力も湧く。そうやって書き継いだ拙文一〇〇編、読む人に、私の思いのかけらなりとも伝わったなら無上の喜びである。

お釈迦様との深いご縁に感謝しつつ、今は筆を擱《お》く。読者の皆様の、日々健《すこ》やかならんことを。

あとがき

今から二年前の二〇〇七年四月、朝日新聞東京本社版の木曜夕刊に、コラムの連載をはじめた。一週間に一本、なにか仏教の「修行」に関することを原稿用紙二枚分書いて公の目にさらし、大勢の読者に「なるほど」と思っていただく、そんな曲芸のような仕事を自ら背負ったのである。最初は、テーマを「修行の具体的な方法」に限定していたため、話の幅を広げることができず苦労した。三ヶ月が過ぎたあたりで辛くなってきて、「もうやめよう」と考え始めた。

そんな頃に、読者の方からお手紙が届くようになる。「読んでます」「楽しみにしてます」と書いてあった。励まされて、「もっと書き続けたい」という気持ちになった。しかしどう考えても、修行方法の説明だけで、この先話が続くはずがない。編集者の宮脇洋さんに相談したら、「修行の方法については、もうある程度説明も済んだことだし、これからはギアチェンジして、好きなことを存分に書いて下さい」と言ってもらった。

すごく気が楽になってうれしかった。宮脇さんの一言で気を取り直し、それからは、空白を埋めるために書くのではなく、自分の考えていることを皆に知ってもらうために書くようになった。

「自分の考えていること」とはつまり、「お釈迦様の素晴らしさ」である。釈迦は私の人生の師だ。その釈迦の姿を、いろいろな角度から考えて書く。細かい修行の話は脇において、とにかく「釈迦の教え」をひたすら書く、そう方針転換した。それ以来、書くことが楽しくなった。

ほぼ一年が過ぎ、「これで終了」と胸をなでおろした矢先に、連載の一年延長が決まった。しかも二年目からは、大阪本社版の紙面にも載るという。悩んだが、「自分の思いを新聞で広く知ってもらうというありがたい機会は、後にも先にもこれっきり。やれる限りのことはやろう」と決心して、引き受けた。そうやって続けた連載も、気がつけば一〇〇回になって、ちくま新書編集長、磯知七美さんのご尽力で、こうやって一冊の本になった。出版の声を掛けて下さった磯さんには心より感謝申し上げる。

私は、コラムを書くにあたって、常に釈迦の教えをベースにした。しかし、お寺の法話ではないのだから、単にそれを紹介するだけでは意味がない。現代人の心の支えとなる、普遍的な話にまで中身を拡充できるかどうか、そこが重要だった。幸いなことに、私は以前から科学関係の人たちとおつき合いが深く、しかも私が出会うのは、理科系でありながら根は文系といった、面白い人たちが多くて、いつも強い刺激を受けていたが、その影響で、私自身、「科学的視点で仏教を見る」という姿勢が身についた。その立場を明確化するため、先年、『犀の角たち』（大蔵出版、前掲）という本を書いたが、朝日のコラムは、それをさらに「現代社会で役に立つ指針」にまで一般化して、幅広く語ったものである。

本書は、そのコラムにさらに細かく加筆し、余分な話は削り、新たな話を書き下ろして加え、全体のバランスを調整して作成した。伝えたいことは、「釈迦の教えで生きることの意味」。読者の皆様が、「なるほど、仏教とはこういう宗教であったか」と思って下されば、それがなによりの果報である。

最後に、私が出会った、「面白い科学者」を何人か紹介し、敬意を表して「あとがき」を閉じることにする。

第八一話で触れたが、遺伝学者の斎藤成也君（国立遺伝学研究所）は高校からの友人である。理科系一直線の人で、専門の遺伝進化学の領域では国際的に名の通った、押しも押されもせぬ立派な科学者だが、実はその本性は文科系だ。興味の範囲は宗教、神話、民俗学、社会学に歴史学と、とどまるところを知らない。斎藤君の存在は、理系・文系という区分けの無意味さを見事に表している。私は知らず知らずのうちに彼から学び、私もまた、仏教学を軸として、そこに全く別の領域の知見を嚙み合わせるという作業を試みるようになった。私にとっての一番の恩人である。高校以来の無二の友人、斎藤成也君に心より感謝申し上げる。

科学思想家の吉永良正氏（大東文化大学）も恩人だ。著書を読んで感激し、ご自宅まで押しかけて無理矢理知り合いになり、今も親しくしていただいている。数学と哲学を専攻し、理系と文系をスイスイ行き来する様は痛快である。知識量、思考力、筆力など多くの能力が要求されるこの領域での、山本義隆氏や竹内薫氏とならぶ第一級の科学文人である（知識の豊富さという点から言えば、評論家、池内了氏の存在も忘れてはならない）。理系文系の区別なく、世界を全体として把握する方法を示して下さったという点で、吉永さんから受けたご恩は大きい。吉永さんとの出会いなくして、本書の出版はなかった。心から感謝します。

第三二話で紹介した、藤田一郎氏（大阪大学）も大切な友人である。精神活動の拠点としての「脳」を探索する、第一線の科学者だ。多くの学生さんを指導しながら、最先端の成果を発表し続けている。その一方で、興味の範囲は広く、様々な分野の人たちとの交流を楽しんでおられる。私が藤田さんから学んだことは、「他領域の人の仕事を、偏見や先入観を持つことなく、素直に敬意をもって評価する」という態度である。これは簡単そうに見えて、なかなかできることではない。しかし、個々の領域を超えて、幅の広い世界観を身につけるためには大切な条件だ。私はそれを藤田さんから学び、自分でも実践するよう努力した。本書にも、その成果が多少は表れていると思う。科学者としてのあるべき姿を教えて下さった藤田さんにも、心より感謝します。

私にとって、文章を書くというのは自己確認の作業である。自分の精神レベル以上の文章を書くことなど決してできない。したがって、この本はそのまま、今の私の精神レベルを表している。この先、それがさらにレベルアップするか、それとも停滞するか、それはなんとも分からないが、もし何か新たな視点が得られたなら、その段階で再び筆をとることもあるだろう。それまでは、地味な研究の積み重ねしか道はない。「日々是修行」の本道を、テクテクと歩いていこう。それが、お釈迦様が私たちに教えて下さった、一番大切な「人の生き方」なのだから。

二〇〇九年三月

佐々木閑

本書は、「朝日新聞」二〇〇七年四月五日付から二〇〇九年三月二六日付に掲載されたコラムをもとに、加筆修正したものです。

ちくま新書
783

日々《ひび》是修行《これしゅぎょう》
——現代人《げんだいじん》のための仏教《ぶっきょう》一〇〇《ひゃく》話《わ》

二〇〇九年五月一〇日　第一刷発行
二〇二四年七月一五日　第一三刷発行

著者　佐々木閑（ささき・しずか）
発行者　増田健史
発行所　株式会社　筑摩書房
東京都台東区蔵前二―五―三　郵便番号一一一―八七五五
電話番号〇三―五六八七―二六〇一（代表）
装幀者　間村俊一
印刷・製本　株式会社　精興社

ISBN978-4-480-06485-1 C0215

ちくま新書

008 ニーチェ入門　竹田青嗣

新たな価値をつかみなおすために、今こそ読まれるべき思想家ニーチェ。現代の我々をも震撼させる哲人の核心に大胆果敢に迫り、明快に説く刺激的な入門書。

020 ウィトゲンシュタイン入門　永井均

天才哲学者が生涯を賭けて問いつづけた「語りえないもの」とは何か。写像・文法・言語ゲームと展開する特異な思想に迫り、哲学することの妙技と魅力を伝える。

029 カント入門　石川文康

哲学史上不朽の遺産『純粋理性批判』を中心に、その哲学の核心を平明に読み解くとともに、哲学者の内面のドラマに迫り、現代に甦る生き生きとしたカント像を描く。

071 フーコー入門　中山元

絶対的な〈真理〉という〈権力〉の鎖を解きはなち、〈別の仕方〉で考えることの可能性を提起した哲学者、フーコー。一貫した思考の歩みを明快に描きだす新鮮な入門書。

081 バタイユ入門　酒井健

西欧近代への徹底した批判者でありつづけた「死とエロチシズム」の思想家バタイユ。その豊かな情念に貫かれた思想を明快に解き明かす、若い読者のための入門書。

190 プラトン入門　竹田青嗣

プラトンは、ポストモダンが非難するような絶対的真理を掲げた人ではない。むしろ人々の共通了解の可能性を求めた〈普遍性〉の哲学者だった！　目から鱗の一冊。

200 レヴィナス入門　熊野純彦

フッサールとハイデガーに学びながらも、ユダヤの伝統を継承し独自の哲学を展開したレヴィナス。収容所体験から紡ぎだされた強靭で繊細な思考をたどる初の入門書。

ちくま新書

238
メルロ＝ポンティ入門
船木亨
フッサールとハイデガーの思想を引き継ぎながら〈身体〉を発見し、言語、歴史、芸術へとその〈意味〉の構造を掘り下げたメルロ＝ポンティの思想の核心に迫る。

254
フロイト入門
妙木浩之
二〇世紀の思想と文化に大きな影響を与えつづけた精神分析の巨人フロイト。夢の分析による無意識世界への探究の軌跡をたどり、その思索と生涯を描く気鋭の一冊。

265
レヴィ＝ストロース入門
小田亮《まこと》
若きレヴィ＝ストロースに哲学の道を放棄させ、ブラジル奥地へと駆り立てたものは何か。現代思想に影響を与えた豊かな思考の核心を読み解く構造人類学の冒険。

277
ハイデガー入門
細川亮一
二〇世紀最大の哲学書『存在と時間』の成立をめぐる謎とは？　難解といわれるハイデガーの思考の核心を読み解き、西洋哲学が問いつづけた「存在への問い」に迫る。

301
アリストテレス入門
山口義久
論理学の基礎を築き、総合的知の枠組をつくりあげた古代ギリシア哲学の巨人。その思考の方法と核心に迫り、知の探究の軌跡をたどるアリストテレス再発見！

589
デカルト入門
小林道夫
デカルトはなぜ近代哲学の父と呼ばれるのか？　行動人としての生涯と認識論・形而上学から自然学・宇宙論におよぶ壮大な知の体系を、現代の視座から解き明かす。

666
高校生のための哲学入門
長谷川宏
どんなふうにして私たちの社会はここまできたのか。「知」の在り処はどこか。ヘーゲルの翻訳で知られる著者が、自身の思考の軌跡を踏まえて書き下ろす待望の書。

776
ドゥルーズ入門
檜垣立哉
没後十年以上を経てますます注視されるドゥルーズ。哲学史的な文脈と思想的変遷を踏まえ、その豊かなイマージュと論理を読む。来るべき思想の羅針盤となる一冊。

832
わかりやすいはわかりにくい?
——臨床哲学講座
鷲田清一
人はなぜわかりやすい論理に流され、思い通りにゆかず苛立つのか——常識とは異なる角度から哲学的に物事を見る方法をレッスンし、自らの言葉で考える力を養う。

901
ギリシア哲学入門
岩田靖夫
「いかに生きるべきか」という問題は一個人の幸福から「正義」への問いとなり、共同体=国家像の検討へつながる。ギリシア哲学を通してこの根源的なテーマに迫る。

132
ケアを問いなおす
——〈深層の時間〉と高齢化社会
広井良典
高齢化社会において、老いの時間を積極的に意味づけてゆくケアの視点とは? 医療経済学、医療保険制度、政策論、科学哲学の観点からケアのあり方を問いなおす。

569
無思想の発見
養老孟司
日本人はなぜ無思想なのか。それはつまり、「ゼロ」のようなものではないか。「無思想の思想」を手がかりに、日本が抱える諸問題を論じ、閉塞した現代に風穴を開ける。

766
現代語訳 学問のすすめ
福澤諭吉
齋藤孝訳
諭吉がすすめる「学問」とは? 世のために動くことで自分自身も充実する生き方を示し、激動の明治時代を導いた大ベストセラーから、今すべきことが見えてくる。

861
現代語訳 武士道
新渡戸稲造
山本博文訳/解説
日本人の精神の根底をなした武士道。その思想的な源泉はどこにあり、いかにして普遍性を獲得しえたのか? 世界的反響をよんだ名著が、清新な訳と解説でいま甦る。

ちくま新書

877 現代語訳 論語 齋藤孝訳

学び続けることの中に人生がある。――二千五百年間、読み継がれ、多くの人々の「精神の基準」となった古典中の古典を、生き生きとした訳で現代日本人に届ける。

912 現代語訳 福翁自伝 福澤諭吉 齋藤孝編訳

近代日本最大の啓蒙思想家福沢諭吉の自伝を再編集&現代語訳。痛快で無類に面白いだけではない。読めば必ず、最高の人生を送るためのヒントが見つかります。

951 現代語訳 福澤諭吉 幕末・維新論集 福澤諭吉 山本博文訳／解説

激動の時代の人と風景を生き生きと描き出した傑作評論選。勝海舟、西郷隆盛をも筆で斬った福澤思想の核心とは。「瘠我慢の説」「丁丑公論」他二篇を収録。

601 法隆寺の謎を解く 武澤秀一

世界最古の木造建築物として有名な法隆寺は、創建・再建の動機を始め多くの謎に包まれている。その構造から古代史を読みとく、空間の出来事による「日本」発見。

734 寺社勢力の中世――無縁・有縁・移民 伊藤正敏

最先端の技術、軍事力、経済力を持ちながら、同時に、国家の論理、有縁の絆を断ち切る中世の「無縁」所。第一次史料を駆使し、中世日本を生々しく再現する。

767 越境の古代史――倭と日本をめぐるアジアンネットワーク 田中史生

諸豪族による多元外交、生産物の国際的分業、流入する新技術……。内と外が交錯しあうアジアのネットワークを、倭国の時代から律令国家成立以後まで再現する。

791 日本の深層文化 森浩一

稲と並ぶ隠れた主要穀物の「粟」。田とは異なる豊かさを提供してくれる各地の「野」。大きな魚としてのクジラ。――史料と遺跡で日本文化の豊穣な世界を探る。

ちくま新書

843
無縁所の中世
伊藤正敏

世を仕損なった人たちが、移民となって流れ込む寺社＝境内都市＝無縁所。無縁所を生み出した社会の姿、また、有縁に対抗するその思想、実力を確かな史料で描く。

859
倭人伝を読みなおす
森浩一

開けた都市、文字の使用、大陸の情勢に機敏に反応する外交。――古代史の一級資料「倭人伝」を正確に読みとき、当時の活気あふれる倭の姿を浮き彫りにする。

895
伊勢神宮の謎を解く
――アマテラスと天皇の「発明」
武澤秀一

伊勢神宮をめぐる最大の謎は、誕生にいたる壮大なプロセスにある。そこにはなぜ、二つの御神体が共存するのか？神社の起源にまで立ち返りあざやかに解き明かす。

339
「わかる」とはどういうことか
――認識の脳科学
山鳥重

人はどんなときに「あ、わかった」「わけがわからない」などと感じるのか。そのとき脳では何が起こっているのだろう。認識と思考の仕組みを説き明す刺激的な試み。

434
意識とはなにか
――〈私〉を生成する脳
茂木健一郎

物質である脳が意識を生みだすのはなぜか？　すべてを感じる存在としての〈私〉とは何ものか？　人類に残された究極の問いに、既存の科学を超えて新境地を展開！

085
日本人はなぜ無宗教なのか
阿満利麿

日本人には神仏とともに生きた長い伝統がある。それなのになぜ現代人は無宗教を標榜し、特定宗派を怖れるのだろうか？　あらためて宗教の意味を問いなおす。

222
人はなぜ宗教を必要とするのか
阿満利麿

宗教なんてインチキだ、騙されるのは弱い人間だからだ――そんな誤解にひとつずつこたえ、「無宗教」から「信仰」へと踏みだす道すじを、わかりやすく語る。

ちくま新書

537 無宗教からの『歎異抄』読解 阿満利麿
真の宗教心はどんな生き方をひらくものか？　無宗教者の視点から『歎異抄』を読み解くことで、無力な自己が自在な精神をつかむ過程を探り、宗教とは何かを示す。

660 仏教と日本人 阿満利麿
日本の精神風土のもと、伝来した仏教はどのように変質し血肉化されたのか。日本人は仏教に出逢い何を学んだのか。文化の根底に流れる民族的心性を見定める試み。

886 親鸞 阿満利麿
親鸞が求め、手にした「信心」とはいかなるものか。時代の大転換期において、人間の真のあり様を見据え、新しい救済の物語を創出したこの人の思索の核心を示す。

918 法然入門 阿満利麿
私に誤りはなく、私の価値観は絶対だ――愚かな人間のための唯一の仏教とは。なぜ念仏一行なのか。日本史上最大の衝撃を宗教界にもたらした革命的思想を読みとく。

425 キリスト教を問いなおす 土井健司
なぜキリスト教は十字軍などの戦争を行ったのか？　なぜ信仰に篤い人が不幸になったりするのか？　数々の難問に答え、キリスト教の本質に迫るラディカルな試み。

956 キリスト教の真実――西洋近代をもたらした宗教思想 竹下節子
ギリシャ思想とキリスト教の関係を検討し、近代ヨーロッパが覚醒する歴史を辿る。キリスト教という合せ鏡をとおして、現代世界の設計思想を読み解く探究の書。

814 完全教祖マニュアル 架神恭介 辰巳一世
キリスト教、イスラム、仏教などの伝統宗教から現代日本の新興宗教まで古今東西の宗教を徹底的に分析。教義や組織の作り方、奇跡の起こし方などすべてがわかる！